新アジア地政学

I・ブレマー／J・S・ナイ／J・ソラナ／C・R・ヒル／金田秀昭

土曜社

ASIAN GEOPOLITICS
by
Project Syndicate

新アジア地政学

プロジェクトシンジケート叢書

いかなる時代にもまして政治・経済のグローバルな動きを踏まえることが求められる今日、プロジェクトシンジケートの活動はきわだっている。

多くのメディアが専門化し、みずから市場を狭めるなか、プロジェクトシンジケートは世界のあらゆる分野から先導的な思索家、実業家、アクティビスト、政治家、政策立案者を見いだす。そして各国の報道機関をつなぎアジェンダを示す。

簡明で、世界に開かれていて、かつわれわれの未来を形づくる論点について確かな洞察をもたらしてくれる——じつに比肩するものがない

ジョセフ・E・スティグリッツ

（ノーベル経済学賞受賞者）

プロジェクトシンジケートがなかったら、われわれはそれを創らなくてはならなかっただろう。

全世界の知識層に宛ててものを書くということは、従来の新聞に寄稿するのとは、まったく異なる経験というほかない。

先導的な思索家や作家ならば、みずからの視点にたいして文化の境界をこえた反響が届くという経験をしてみるべきだろう

アン＝マリー・スローター

（プリンストン大学教授）

新アジア地政学　目次

1　国際紛争の一年へようこそ！……18
イアン・ブレマー（ユーラシア・グループ社長）
ハビエル・ソラナ（元ＮＡＴＯ事務総長）
2　アジアの海とナショナリズム……25
ジョセフ・Ｓ・ナイ（元米国防次官補）
3　日本のナショナリストの出番……32
ジョセフ・Ｓ・ナイ
4　台頭する中国のシーパワー……39
金田秀昭（元海将）

5 ナショナリズムに駆られるアジアの虎 …… 45
クリストファー・R・ヒル（元米国務次官補）

6 日中の競争意識をたどる …… 52
リア・グリンフェルト（ボストン大学教授）

7 中国の対外行動の源泉 …… 59
閻学通《えんがくつう》（清華大学当代国際関係研究院長）

8 中国が北朝鮮を見捨てる日 …… 66
朱鋒《しゅほう》（北京大学国際関係学院教授）

9 試される米中の共同覇権 …… 73
ハビエル・ソラナ（元NATO事務総長）

10 チャイナパワーの驕り …… 80
ブラーマ・チェラニー（元インド国家安全保障会議アドバイザー）

11 興隆アジアがゆく …… 87
ブラーマ・チェラニー

12 水をめぐるアジアの覇者 …… 94
ブラーマ・チェラニー

13 近づく韓国の核武装 …… 101
イ・ビョンチョル（元韓国大統領府外交安全保障政策企画スタッフ）

14 東アジアの夢遊病者たち …… 106
尹永寛《ユンヨングァン》（元韓国外交通商部長官）

15 アジア太平洋の平和を築く …… 114
フィデル・V・ラモス（元フィリピン共和国大統領）

16 アジア連合への道 …… 120
ジャスワント・シン（元インド財務・外務・国防大臣）

訳者あとがき 128

発展読書リスト 134

Ian Bremmer

イアン・ブレマー

1969年、米国ボルチモアに生まれる。米戦略コンサル、ユーラシア・グループ創業社長。94年、スタンフォード大学で政治学博士号を取得し、史上最年少で同校フーヴァー研究所研究員に。97年にワールドポリシー研究所上級研究員。翌98年にわずか2万5000ドルの資本で創業したユーラシア・グループは、全世界の情報源・専門家とネットワークを築いて政治が市場に与える影響をめぐり情報と洞察を各国顧客に提供する。英紙フィナンシャルタイムズ、ロイター通信、外交専門誌フォーリンポリシーの常連寄稿者。著作『「Gゼロ後」の世界』『自由主義の終焉』は米国でベストセラーとなった。

Javier Solana

ハビエル・ソラナ

1942年、マドリードに生まれる。コンプルテンセ大学在学中の64年、スペイン社会労働党に入党。66年から米国に留学し、71年バージニア大学で物理学博士号。帰国後、77年にスペイン下院議員に初当選。82年に入閣し、文部大臣、教育・科学担当大臣、外務大臣を歴任。95年から北大西洋条約機構（NATO）事務総長としてボスニア・ヘルツェゴビナ紛争、コソボ紛争に当たる。2010年、ミュンヘン安全保障会議（MSC）の「エヴァルト・フォン・クライスト賞」を受賞。同賞の受賞は、ヘンリー・キッシンジャーに続き2人目だった。現在は、バルセロナESADEグローバル経済・地政学研究所所長を務める。

Josephe Samuel Nye

ジョセフ・S・ナイ

1937年、米国サウスオレンジに生まれる。米ハーバード大学特別功労教授。58年、米プリンストン大学を卒業後、英オックスフォード大学で学び（哲学・政治経済）、64年にハーバード大学大学院で政治学博士号。同年から同校で教鞭をとり、95年から2004年まで同校ケネディスクールの学長を務める。米民主党政権で国務次官補、国家安全保障会議（NSC）核兵器拡散防止委員会委員長、国家情報会議議長、国防次官補など要職を歴任。米国を代表するリベラル派の学者であり、知日派として知られる。三極委員会北米グループ委員長、戦略国際問題研究所（CSIS）評議員、三菱商事国際諮問委員会委員なども務める。

Hideaki Kaneda

金田秀昭

1945年、神奈川県に生まれる。元海将。日本国際問題研究所客員研究員。68年に防衛大学校を卒業し（第12期生、機械工学）、海上自衛隊入隊。93年に海幕防衛課長。以後、舞鶴地方総監部幕僚長、第四護衛隊群司令、統幕第五幕僚室長（政策担当）、護衛艦隊司令官を歴任。99年、海将で退役。2001年に米ハーバード大学アジアセンターに招聘され上席特別研究員（03年まで）。02年から慶應義塾大学総合政策学部特別招聘教授として教鞭をとる（05年まで）。09年から現職。著作に『弾道ミサイル防衛入門』、共著に『論集　日本の外交と総合的安全保障』『日本のミサイル防衛』『武力戦の様相』などがある。

Christopher Robert Hill

クリストファー・R・ヒル

1952年、パリに生まれる。外交官の父に伴い各地を転々とする。74年、米ボードイン大学を卒業後、カメルーンの平和部隊に加わり少額融資を開発。77年に米国務省入省。国家安全保障会議（NSC）大統領特別補佐官・南東ヨーロッパ担当上級ディレクター、駐マケドニア共和国大使、駐ポーランド大使、駐韓国大使を歴任。98年から99年にはコソボ特使を兼務。05年、北朝鮮核問題をめぐる六者会合の米国首席代表、国務次官補（東アジア・太平洋担当）に就任。駐イラク大使を最後に退官し、10年から米デンバー大学ジョゼフ・コルベル・スクール（国際学）校長を務める。母語の英語のほか、欧州数カ国語と韓国語も話す。

Liah Greenfeid

リア・グリンフェルト

1954年、ロシア・ウラジオストクに生まれる。米ボストン大学教授。7歳のときバイオリンを弾く天才少女ともてはやされ、16歳で詩集を発表。72年、両親と共にイスラエル移住。82年、エルサレム・ヘブライ大学芸術社会学博士号。同年、米国に移住し、シカゴ大学社会学部客員研究員、ハーバード大学ロシア研究センター客員助教を経て、85年に同校社会学助教（のちに准教授）。94年から現職。2001年の『資本主義の精神』はドナルド・ケーガン最優秀図書賞（欧州史部門）を受賞。13年には『心、近代性、狂気』を上梓した。

Yan Xuetong

閻学通〈えん・がくつう〉

1952年、中国・天津市に生まれる。清華大学当代国際関係研究院長、中国国際政治ジャーナル誌編集長。文化大革命で下放され、16歳から25歳までを中国東北部の農村で過ごす。82年、黒竜江大学英語学部卒業。86年に国際関係学院で修士号、92年に米カリフォルニア大バークレー校で政治学博士号を取得。政府系シンクタンクを経て清華大教授。98年に著作『中国国益の分析』が中国図書賞を受賞。『国際研究の実際的方法』は中国教育省認定教科書（2006年）となった。08年、米誌フォーリンポリシーが選ぶ「世界で最も影響力を持つ知識人100人」に選出。新日中友好21世紀委員会委員、中国通商部諮問委員会委員も務める。

Zhu Feng

朱鋒〈しゅ・ほう〉

1964年、中国・蘇州に生まれる。北京大学国際関係学院教授、同校国際戦略研究センター（CISS）副所長。81年に北京大学国際政治学部に入学し、91年に同大で博士号を取得。専門は安全保障理論、東アジア地域安全保障、米中の外交戦略など。中国の安全保障論の第一人者で、米ハーバード大客員教授などを歴任。政府や民間研究機関への助言のほか、メディアでも積極的に発言する。主著に『国際関係理論と東アジアの安全保障』（2007年）『中国の台頭　覇権、安全保障、国際政治の未来』（共著、08年）などがある。

Brahma Chellaney

ブラーマ・チェラニー

1962年、ニューデリーに生まれる。ニューデリー政策研究センター教授、ノーベル研究所フェロー。デリー大学ヒンズーカレッジ卒業後、89年にジャワハルラール・ネルー大学で博士号取得。専門は軍縮、安全保障、国際関係論。米ハーバード大学、ブルッキングス研究所、ジョンズ・ホプキンス大学、オーストラリア国立大学などで研究。2000年までインド国家安全保障会議のアドバイザーを務めるなど政官界に影響力を持つほか、国際英字紙インターナショナル・ヘラルド・トリビューン、米紙ウォールストリートジャーナルなど世界の主要紙のコラムニストとしても活躍する。

Lee Byong-chul

イ・ビョンチョル

ソウル平和協調研究所シニアフェロー。1993年から99年にかけて、金泳三・金大中両政権で大統領府の外交安全保障政策企画スタッフを務めた。

Yoon Young-kwan

尹永寛〈ユン・ヨングァン〉

1951年、韓国・南原市に生まれる。元大韓民国外交通商部長官。ソウル国立大学教授。75年、ソウル国立大学国際関係学部を卒業、77年に同校修士号。87年、米ジョンズ・ホプキンズ大学で博士号。米カリフォルニア大学デービス校助教授を経て、90年からソウル国立大学国際関係学部助教授。2000年、韓国首相府の政策諮問委員（外交通商担当）。03年、盧武鉉大統領の政権移行チームに加わり、同政権で外交通商部長官（04年まで）。04年から現職。現在は、ベルリン自由大学客員研究員、ドイツ国際安全保障研究所（SWP）客員研究員のほか、01年に自身が設立した韓国未来戦略研究所で上級顧問を務める。

Fidel Valdez Ramos

フィデル・V・ラモス

1928年、フィリピン・ルソン島リンガエンに生まれる。元フィリピン共和国大統領、ラモス平和発展財団理事長。50年、米国陸軍士官学校（ウエストポイント）卒業。51年に米イリノイ大学で土木工学を修め、フィリピン陸軍に仕官。52年に朝鮮戦争、66年からベトナム戦争に従軍。国家警察軍司令官、国軍参謀総長（大将）などを歴任。86年、「ピープルパワー革命」の立役者として政界に登場。88年、アキノ政権で国防長官に就任。92年、フィリピン共和国第12代大統領に就任（98年まで）。2002年からボアオ・フォーラム（アジア版ダボス会議）理事長を務める。赤十字社への献血は3ガロン（約11リットル）を超える。

Jaswant Singh
ジャスワント・シン

1938年、インド・ラジャスタン州ジャソル村に生まれる。インド連邦議会議員。インド・メイヨー大学、国立防衛学院で学ぶ。60年代はインド陸軍に将校として勤務する。インド人民党（BJP）を中軸とする国民民主同盟（NDA）連立政権で財務大臣、外務大臣、国防大臣を歴任（99年から2004年）。12年には、国民民主同盟(NDA)の副大統領候補となる。大臣歴任中、南アジアで初めての自由貿易協定をスリランカとの間で結び、パキスタンとの国交を回復。米国との関係強化に動き、旧ソ連の装備・戦略を借りていたインド軍の近代化にも努めた。

アジア連合へ

1　国際紛争の一年へようこそ！

イアン・ブレマー
ハビエル・ソラナ

今日の世界において、地政学上のホットスポットを特定し、適切に対処するということは、単に地図を引っぱり出して火元を確認し、外交官に権限を与えて消火を促すといった問題だけにとどまらない。現在の主要な紛争や国家間の対立を本質的に理解するには、背景にどのような国際政治の条件がそろっているかを知ることが欠かせない。

覇権国の不作為

紛争というものは、それを未然に防ぎ、あるいは終わらせる手段をもつ者が何らかの理由でそれを行使できないとき、もしくは行使するつもりがないときに発生し、長期化する。残念ながら、二〇一三年はこうした事態が現実になりそうだ。

米国では、国家の安全保障をじかに脅かす外交上の危機でもないかぎり、オバマ政権はその時間と労力と政治力の多くを、政府債務の削減など内政問題に費やすことになるだろう。

欧州では、ユーロ圏の信認回復に向けた当局者たちの苦闘が続くだろう。

中国では、必要な経済成長や雇用創出を果たすうえで、新しい指導部には世界の各地域と新たな経済関係を築くことが求められているが、複雑な経済改革に気を取られるあまり、アジア域外で余計なコストやリスクを担う余裕はないだろう。

以上のことから、今年、世界の紛争は長引き、悪化するとみられる。

「新しい」戦闘行為

覇権国の事情もしくは不作為により、紛争の発生・長期化が予想されるわけだが、覇権国自身が攻撃行動を起こす可能性も排除できない。今日、覇権国は敵対すると認める相手への攻撃に、無人航空機《ドローン》をはじめとした特殊兵器を用いる傾向にある。米国がアフガニスタン、パキスタン、イエメンでドローンを用いた攻撃を繰り広げている事実に、もはやわれわれは慣れてしまった。ところが、最近の報道によれば、中国や日本も無人航空機の開発を進めているとされる――東シナ海の領土問題が念頭にあるのだろう。技術革新が武力行使のコストおよびリスクを抑えることを可能にし、軍事行動はいっそう起こりやすくなっているのだ。

サイバー兵器

競合相手を傷つけ敵を攻撃するうえで、コストが最もかからない方法はおそらくサイバー空間で攻撃をしかけることだろう。裕福な国家はもとより、それほど経済力のない国までもが、サイバー空間での攻撃力強化をめざし、必要な技術および技能開発に巨額の資金を投じるのはこのためである。

こうした形態の新しい戦闘行為は、二つの点でことさら厄介である。

第一に、冷戦時代の核戦略でいう「相互確証破壊」（Mutual Assured Destruction ＝ＭＡＤ）の構図とちがって、サイバー空間は攻撃する側の匿名性を担保する性質をもつこと。

第二に、刻一刻と技術が進化するため、サイバー兵器が相手にどれだけの損害を与えうるか、また、相手からの攻撃にたいしてどれだけ抑止力が働いているか、どの政府も実際に使ってみるまで正確なところを把握できないこと。

その結果、今では各国政府は互いの防衛能力を毎日調査し、探りあい、偶発的な武力衝突のリスクが高まっている。

米国議会がジョン・ケリー氏とチャック・ヘーゲル氏をそれぞれ国務長官と国防長官として承認すれば（ケリー氏は二〇一三年一月に、ヘーゲル氏は二月に承認された）、オバマ政権は、軍事介入に極めて懐疑的な人物を要職に迎えることになる。しかし米国は、無人兵器やサイバー兵器といった非正規兵器へのハイレベルの投資をやめることはないだろう。

欧米が関与を薄める中東

今日、このような技術革新も手伝って、地政学上の二大ホットスポットともいうべき地域で軋轢が生じている。

その一つである中東では、米国と欧州当局は今後も、地域をつつむ動乱に深く関与することを避けるとみられる。その結果、トルコ、イラン、サウジアラビアといった域内の大国が影響力の拡大をめぐり争うことになる。北アフリカや中東の各国では、穏健派と過激派、スンニ派とシーア派の対立もそれぞれ顕在化しつつある。

こうした中東地域の問題にたいし、米国政府はしだいに関与を薄めていく方針のようだが、この見通しを裏づける変化が起こりつつある。最近の予測では、シェールガスなど非従来型エネルギーの分野で技術革新が進み、米国は二〇二〇年までに原油需要の八〇パーセント以上を南北アメリカ大陸のエネルギー生産だけでまかなえるようになるという。いっぽう中国は、中東のエネルギー生産にますます依存を深めるだろう。

紛争の火種を抱える東アジア

もう一つのホットスポットは、東アジアである。この地域は今後も潜在的に紛争の火種を抱える。中国と国境を接する国の多くは、中国の経済・軍事両面での拡張が自国の利益と独立性を脅かしかねないと懸念する。こうした国々は、米国にたいして二国間の安全保障協定の多様化を求め、中国の穏健主義への期待が裏切られるような事態に備えるよう訴えている。

米国は、世界最速で成長する地域との新たな貿易協定をテコに（環太平洋経済連携協定（ＴＰＰ）などを指す）長期的な経済成長の見通しを押しあげることを企図してアジアに舵を切りつつある――もっとも米国（および欧州連合）の政策立案者は、大西洋間の自由貿易協定（ＦＴＡ）の交渉準備も同時に進めているのだが。

東アジアでは、あるリスクが高まっている。この地域でプレゼンスを高める米国の動きを受けて、中国の新指導部がそこに自分たちの拡大や成長を妨げようとする米国の戦略的意図を読みとる恐れがある。

すでにこの地域では、厄介な紛争が相次いでいる。中国は南シナ海でベトナムやフィリピンと争い、東シナ海では日本と対立する。こうした対立が大規模な武力衝突に発展するシナリオは考えにくいが、無人航空機《ドローン》やサイバー兵器の使用は現実の脅威となりつつある。

経済紛争

二〇一三年の最大のリスクは、アジア地域での大規模な経済衝突である。その影響は直接の当事国にとどまらず、回復基調にある世界経済全体に及びかねない。そして、衝突の口火はすでに切られている。

二〇一二年の夏、東シナ海に浮かぶ島（沖縄県尖閣諸島、中国名・釣魚島）の領有権をめぐる対立は、世界第二位と第三位の経済大国である中国と日本の間で激しい非難の応酬を招いた。両国が戦争状態に突入する恐れは小さかったとはいえ、中国当局は、国粋主義者《ナショナリスト》の抗議行動をゆるし、日本製品のボイコットを認め、さらには日本企業にたいする破壊行為までをも容認した。

その結果、日本の中国向け自動車輸出は四四・五パーセントも落ちこみ、中国の対日輸入の合計額も一〇パーセント近く減少した。こうした事態がわずか一カ月の間に起こった。

この出来事は、長い経済停滞から立ち直ろうとしている日本にはこたえるものだった。そして、兵士や戦車、ミサイルを用いない戦闘が、これほどの高い代償を強いるものだという事実は、日中以外の国々にも明白な警鐘となったのである。

二〇一三年一月、ダボスにて

イアン・ブレマー/ハビエル・ソラナ

2 アジアの海とナショナリズム

ジョセフ・S・ナイ

東シナ海で戦争が勃発するのか？

中国が釣魚島、日本が尖閣諸島と呼ぶこの不毛な地塊の領有をめぐって、両国のナショナリストが泥仕合を繰り広げたあげく、中国南西部の成都では激昂したデモ隊が「日本人は皆殺しだ！」とくりかえし声を荒げた。

島をめぐる争い

また、南シナ海のスカボロー礁（中国名・黄岩島）では、中国とフィリピンの艦船が睨みあい、マニラでは抗議運動が巻き起こった。また、日本と韓国が時間をかけて築いてきた協力関係への道筋も、韓国大統領の小さな島への上陸によって白紙となった。問題の島は、韓国で独島《トクト》、日本で竹島、米国ではリアンクール岩礁（Liancourt Rocks）と呼ばれる。

もちろん、過度に警鐘を鳴らす必要はない。米国は尖閣諸島（一九七二年に米国が施政権を日本に返還して以来、沖縄県が管理する）が日米安全保障条約の適用対象であることを確認している。また、スカボロー礁をめぐる対立も沈静化した。独島の件では、日本が駐韓大使を召喚するに至ったが、両国が実際の軍事行動に出ることは考えがたい。

とはいえ、中国が一九七四年と八八年に実際に武力を用い、西沙諸島《パラセル》からベトナム軍を追い出した事実は頭の片隅に置いておくべきだろう。

また、二〇一二年の東南アジア諸国連合（ASEAN）首脳会議《サミット》では、中国は議長国のカンボジアに圧力をかけ、南シナ海における行動規範の必要性を記した最終声明の採択を阻止した。東南アジア一〇カ国が参加するサミットの四十年の歴史において、最終声明の採択に失敗したのはこれが初めてのことだった。

ナショナリズム復活の背景

たしかに東アジアにおける過激なナショナリズムの復活は、憂慮すべき事態ではある。しかし、その背景は理解できないものではない。

欧州では、債務危機への緊急融資の前提としてドイツが求める厳しい条件にギリシャが不満を示すが、第二次世界大戦後に大きな進歩を遂げ、各国は一つにまとまっている。

いっぽうアジアでは、こうした進展はまったくみられない。一九三〇年代と四〇年代に根をもつ歴史問題は今なお生々しく、偏向した各国の学校教科書や政策によって事態はむしろ悪化している。

もはや中国共産党は、半ば「共産主義」の政党ではなくなっている。代わりに、同党はその正統性を急速な経済成長と「大漢民族主義」に求めつつある。この点で、日清戦争（一八九四〜九五年）と一九三〇年代の日本軍による侵略の歴史は、政治的に利用しやすいだけでなく、帝国主義の軍隊に蹂躪された中国という、同党の大きなテーマにも沿う。

中国の非生産的な戦略

米国では、複数の国防消息筋が中国の海洋戦略が明らかに好戦的になっているという見方を示す。中国が進める軍事支出の拡大と、ミサイルや潜水艦技術の開発には、中国大陸沿岸から台湾・日本へと伸びる「第一列島線」（中国沿海の軍事的防衛ラインの一つで、九州・沖縄から台湾・フィリピン・インドネシアの諸島群を結ぶ）までの海域を封鎖する意図があるとされる。

いっぽう、中国の戦略は官僚機構の内紛によって混乱し、矛盾が目立ち、十分に機能していないという見方もある。この見方によれば、二〇〇八年の金融危機以降、中国の強引な政策は裏目に出ているという。たしかに中国は近隣国との関係を、ほぼ例外なく悪化させてしまっている。

二〇一〇年の尖閣諸島問題を例に挙げよう。日本の海上保安庁の巡視船に衝突したトロール漁船の中国人船長を日本の当局が逮捕すると、中国は経済面で報復措置を強めた。その結果、「中国は自殺点《オウンゴール》を決めたようなもの」と日本の消息筋が言うように、中国は日本の政権与党である民主党（当時）との間に築いていた良好な関係を一瞬で壊してしまった。

それればかりではない。中国は巨額の人民元を費やし、アジア全域でソフトパワーの拡張をめざしているが、（東シナ海のみならず）南シナ海での一連の行動はそうしたメッセージを打ち消してしまっている。

中国の迷走

なぜ中国は非生産的な戦略をとり続けるのか。中国の友人や政府関係者に尋ねると、「(これらの地域で)中国は歴史的権益を継承している」という公式見解が返ってくる。南シナ海のほぼ全域を自国領海であるかのように描く中華民国時代の「九段線 (nine-dotted line)」も、そうした歴史的権益の一部だ。

技術革新によって、漁業資源だけでなく海域の海底資源開発も容易になった今、こうした過去の遺産がますます存在感を増している。二〇〇九年から翌一〇年にかけて、中国政府幹部や権威筋からは、台湾やチベットと同様に南シナ海を「国家の核心的利益」とする発言が相次いだ。

しかし、中国の指導者が「九段線」の正確な位置を明らかにしたことはない。また、中国による領有権の主張が特定の島々だけを指すのか、あるいはより広範な大陸棚と海洋を含むのかどうかも明確ではない。

なぜ主張の詳細を明らかにしないのか尋ねると、中国から返ってきた答えは、「詳細を明らかにするには、政治的かつ官僚機構内部での困難な調整が予想されるうえ、国内のナショナリストを刺激しかねない」というものだった。また、中国の当局者にしてみれば、交渉の切り札を早めに明かしてしまうことは得策ではないのだろう。

米国は、一九九五年と二〇〇〇年の二度にわたり、「南シナ海の海域は八二年の国連海洋法条約（UNCLOS）に基づき管理すべきである」との見解を表明した（ただし、米国は同条約を批准していないのだが）。もっとも米国は、領土紛争では係争国のどちらにも与しないという立場から、一貫して当事国どうしが交渉を通じて問題を解決するよう求めている。

二〇〇二年、中国とASEAN諸国は領土問題をめぐり、法的拘束力のない行動規範に合意した。しかし、大国である中国は、小国にたいしては多国間よりも二国間の交渉のほうが多くの成果が得られると考えているようだ。一二年夏のASEANサミットで、中国が議長国のカンボジアに圧力をかけて最終声明を阻止した背景には、そうした意図が透けて見える。

しかし、これはまちがった戦略というほかない。覇権国として、中国は今後、あらゆる局面で影響力を増す。中国はみずからに行動規範を課すことで、影響力の重みが招く弊害を減らせるはずだ。

「長々と議論するほうがまし」

尖閣諸島（釣魚島）の問題については、英エコノミスト誌が有益な提案を行なっている。同誌によると、中国は自国の艦船を日本の領海に派遣することを自制し、荒くれ者のナショナリストたちが引き起こしかねない危機に備えて、日本とのホットラインを活用すべきだ。同時に、両国は二〇〇八年に合意した東シナ海におけるガス田の共同開発の枠組み（同年六月の日中共同プレス発表を指す）を復活させる必要がある。そして日本は、尖閣諸島を民間の地権者から買い上げ（日本政府は一二年九月に尖閣諸島を購入・国有化した）、当該地域を国際海洋保護区と宣言するのがよいだろう。

東アジアの各国は、今こそ英国のウィンストン・チャーチル元首相の有名な格言を思い出すべきである。「長々と戦争するより、長々と議論するほうがまし」なのだ。

二〇一二年九月、ケンブリッジにて

3　日本のナショナリストの出番

ジョセフ・S・ナイ

日本の動静に注目が集まっている。日本が尖閣諸島、中国が釣魚島と呼ぶ、東シナ海に浮かぶ不毛の小島をめぐり両国の対立が激化しているためだ。

対立の原因は一九世紀末にさかのぼるが、今般の対立激化は、二〇一二年九月に日本政府が民間の地権者から三つの小島を購入したことが引き金となっている。これを受けて、中国各地に反日デモが広がった。

日中対立の引き金

野田佳彦首相（当時）は、日本政府の尖閣諸島購入の理由を、石原慎太郎東京都知事（当時）による購入を防ぐためだと説明している。直後に新党結成のために知事職を辞した石原氏は、挑発的な言動をとるナショナリストとして知られる。野田首相にしてみれば、石原氏が国民的な支持を得るために、中国を挑発し、尖閣諸島を占有するのではないかという懸念があったのだ。しかしながら、中国政府首脳が野田首相の説明を受け入れることはなかった。中国は、日本政府による尖閣諸島の購入を、「現状打破」をめざす日本の策略と見なしたのである。

中国にとっての「現状」

一九七二年五月、米国が日本に沖縄の施政権を返還した際には、尖閣諸島もその対象に含まれていた。しかし数カ月後、中国と日本が第二次世界大戦後にとだえていた国交を正常化するにあたり、日本の田中角栄首相が中国の周恩来首相に尖閣諸島の問題をただすと、周首相は「領土問題で正常化を遅らせるよりも、将来世代に解決を委ねるべき」として、いわゆる「棚上げ論」を示した。

こうして両国が島の領有権を主張することになった。日本が施政権をもつ一方、中国は折にふれて日本の領海内に船舶を送っては、領有権の法的な正統性を訴える。中国からすれば、これこそが日本が二〇一二年九月にひっくり返した「現状」である。

筆者は最近、北京において、日本が右派軍国ナショナリズムに傾きつつあるとみる複数の中国消息筋の話を聞く機会があった。彼らによると、日本政府が尖閣諸島を購入した背景には、第二次世界大戦後の安定的状況を打破する意図があるのだという。

右に傾く日本

こうした中国側の物言いは極端だとしても、たしかに日本の雰囲気は右に傾きつつある。ただ、それを軍国主義的と形容するのは行き過ぎだ。

最近、早稲田大学の学生を対象に、日本の軍事力にかんする大規模な意識調査が行われた。これによると、日本の防衛能力の向上を望む声は多いものの、核兵器の開発には圧倒的多数の学生が反対し、日米安全保障条約が依然として広く支持されていることが明らかになった。

ある日本の若手研究者はこの結果について、「日本人は保守ナショナリズムに向かっているが、軍国ナショナリズムには関心がない」と解説する。彼が語るように「誰も一九三〇年代に戻ることを望んでいない」のだ。

また、言うまでもなく、日本の自衛隊は防衛活動という本来の仕事に専念し、完全に文民の統制下（シビリアン・コントロール）にある。

日本は、この先に衆議院選挙を控える。遅くとも二〇一三年八月までに行われる予定だが、年明けすぐにも実施されそうな情勢だ（実際は一二年十二月十六日に投開票実施）。日本では〇九年から民主党が政権を担っている。しかし、世論調査によると、その座は自民党が奪いかえす公算が大きい。そうなれば自民党の安倍晋三総裁が、かつて務めた首相の椅子に再び座ることになる。

安倍氏はナショナリストとして知られる。彼は最近、東京の靖国神社に参拝したが、この神社の存在は、中国や韓国で物議をかもしている。

加えて、日本第二の都市である大阪の若き市長、橋下徹氏もナショナリストとして知られる。橋下氏は最近、全国規模の新たな政党を立ちあげた（のちに石原慎太郎氏と合流した）。

過去二十年の経済停滞

日本の政治情勢は、過去二十年にわたる経済停滞の影響を色濃く映しているようだ。長引く景気低迷により、財政は悪化し、若者の間に内向き志向が広がった。米国の大学に留学する日本人学生の数は、二〇〇〇年と比べて五〇パーセント以上も減少している。

三十年前、米ハーバード大学のエズラ・ヴォーゲル教授は『ジャパン・アズ・ナンバーワン』と題する日本論を発表し、製造業を発展させ世界第二位の経済大国にのぼりつめた日本を讃えた。そのヴォーゲル教授が今では、日本の政治システムを「ひどい混乱状態」と評する。日本では首相が毎年のように入れ替わり、長引くデフレによって若者世代の将来への期待も薄れてしまっている。

朝日新聞の主筆を務めた船橋洋一氏も、「日本には世界を舞台にしたタフな競争を戦うプレーヤーになりきれない空気がある」と懸念する。

日本のナショナリズムの効用

ただ、こうした問題を抱えているものの、日本には依然として卓越した強みがある。たしかに経済規模でみれば、日本は世界第二位の経済大国の座を二〇一〇年に中国に譲った。しかし、日本の一人あたりの所得水準は中国よりずっと高く、この国がいかに豊かであるかを示している。日本には素晴らしい大学が多数あり、高い教育水準を誇るだけでなく、経営のすぐれた多国籍企業があり、勤労意欲も高い。

一九世紀の明治維新、一九四五年の敗戦からの戦後復興――。日本社会は過去二百年足らずの間に、実に二度の国家再編を遂げてきた。二〇一一年の東日本大震災と津波、原子力発電所事故を契機に、この国で三度目の変革が生ずることを期待する向きもある。しかしその動きはいまだ見られない。

これまで筆者は、日本の若い世代が自国の停滞と漂流について「うんざりしている」と言うのを何度も耳にした。若手の国会議員の間には、政治情勢の右傾化が政界再編の気運を生み、安定的かつ実行力をもった政権の誕生につながることを期待する声もある。もし、〝穏健な〟ナショナリズムが日本の政治改革の契機として役立つなら、それは日本にとって望ましいだけでなく、世界全体に良い結果をもたらすだろう。

しかし、日本で存在感を強めるナショナリストたちが、象徴的な言動を弄び、大衆迎合《ポピュリズム》に走ることがあれば――選挙の集票効果はあるかもしれないが、隣国の反発を招き――、日本のみならず世界全体に悪い影響が出かねない。

この先の数カ月で日本の政治に何が起こるのか——どんなものであろうと、それはこの国の海岸線を越え、世界各地へさざ波のように広がっていくことだろう。

二〇一二年十一月、東京にて

ジョセフ・S・ナイ

4　台頭する中国のシーパワー

金田秀昭

わが国が中国との間で尖閣諸島や日中中間線、韓国との間で竹島、ロシアとの間で北方四島問題などにてこずっている間に、中国が着々と将来を展望した世界的規模での戦略的海上拠点作りを行っているという事実を、どれほどの日本人が知っているだろうか。

中国の海洋戦略

昨年（二〇〇四年）十二月、中国の温家宝首相（当時）は、国家海洋関係会議を招集し、海洋の経済開発、領域管理、環境保護などの重要性を強調し、国家戦略としての食糧確保と貿易およびこれを支える海軍力の構築という海洋戦略構想を改めて確認した。インドや大多数のASEAN諸国などはこれに強い警戒感を示したが、日本ではまったく関心を呼んでいない。

米国防総省の「アジアのエネルギーの将来」という内部文書によると、中国はエネルギー権益の確保のみならず、より広範な安全保障上の目的を達成するため、政治、軍事、経済の複合的観点から、中東から南シナ海に至る海上交通路に沿った一連の軍事、外交上の戦略拠点「真珠の数珠」を構築中であるという。そのなかには、パキスタン南西部でイランに近くペルシャ湾の出入り口を扼するグワダル海軍軍港の建設が含まれており、すでに電子情報傍受施設が設立され、ホルムズ海峡とアラビア海を通航する艦船の動向を監視している。

その他の「真珠」も同様に海上交通路に沿った戦略拠点である。バングラデシュでは、海軍と海運のアクセスのため、同国最大の港湾チッタゴンに、コンテナ港湾施設を建設中である。ミャンマー領のベンガル湾島嶼には、海軍基地や電子情報傍受施設を設置し、事実上の軍事同盟として現軍事政権との関係を強化するなど、同国をマラッカ海峡近傍の「衛星国」に仕立てようとしている。タイには、逆にマラッカ海峡に依存しない石油輸入ルートとして、二〇〇億ドル（約二兆円）を投じてインド洋とシャム湾を結ぶクラ地峡運河を建設するという壮大な構想を計画中である。

南シナ海では、中国大陸南部の基地および海南島を拠点として海空軍事力の投入を可能とする態勢を整備している。中東方面からタンカーやコンテナ船が通航するシーレーンを挟むように、南シナ海には西沙、南沙群島が存在するが、かつて周辺国から奪取したこれらの島々に海空軍事基地を建設し、大型爆撃機が使用できる滑走路や大型水上艦が係留できる港湾設備などを整備してきた。まさに「浮沈空母」が南シナ海上に存在している。

マハンのシーパワー理論

ほんの十数年前まで、大陸国と見なされていた中国が、なぜこのように急速に海洋への戦略的な進出を果たそうとしているのか。中国の歴史上、海軍力が力を発揮するのは宋の時代であり、以後一七世紀に至るまで、アジア地域における中国のシーパワーは強力であった。なかでも明時代の鄭和《ていわ》の大海軍は当時世界最強だったが、清時代以降は地球規模の海洋戦略を構築し、その裏づけとしての海軍力を有するとの概念は生まれず、清の大艦隊も「水軍」(沿岸防備海軍)の域を脱することはなかった。むしろ現代中国の海洋戦略構築の視点には、皮肉にも現代中国

金田秀昭

海軍の最大の脅威である米海軍の育ての親、アルフレッド・セイヤー・マハン少将のシーパワー理論の実践があると見るのが妥当ではないか。

マハンは、その歴史的著書『海上権力史論』(一八九〇年発表)において、一方に①生産・通商、②海運、③植民地という国力発展のための三循環要素のなかに、海洋国家の政策および歴史の多くにたいする鍵が見つけ出されるとし、他方にこの三循環要素を保護または推進するものとして強大な海軍力を併置し、全体を総称してシーパワーと呼称したが、この考えは以後米国の国力伸張の理論的根拠としての地位を占め、海外進出と海軍の発展に大きな影響を及ぼした。マハンがいうシーパワーに影響を及ぼす六条件、すなわち、海洋の利用に便利な①地理的位置、②自然的構造、③領土(海岸線)、④人口数と、海洋支配に熱心な⑤国民性、⑥政府の性格こそ、当時の米国、現在の中国に当てはまる。

近年、中国は改革開放路線のなかでめざましく国力を伸張してきた。マハンの三循環要素でいえば、まず第一の「生産・通商」では、貿易額で見ると昨年度ついに日本を抜いて世界第三位となり、コンテナ取扱設備など港湾能力は急速に成長を続けている。第二の「海運」でも、船腹量は便宜置籍国を除けば世界第四位で、国際航運五カ年計画による急速拡充を図っており、二〇一〇年には造船能力も日本、韓国と肩を並べると予測されている。最後の「植民地」を現代に当てはめれば、まさに政治、経済、軍事上の海外活動拠点、すなわち「真珠の数珠」といえよう。

他方の「海軍力」についていえば、中国は大方の日本人の認識を遥かに上回るペースで、急速に沿岸海軍から外洋海軍へと脱皮している。今から五年後の二〇一〇年までには七〇隻の近代的水上艦、数隻の近代的戦略原潜や数十隻の近代的攻撃潜水艦を有し、台湾海軍どころか海上自衛隊を上回る陣容を整えることになる（質的にはともかく、量的にはここに記した通りである）。また弱点であった強襲揚陸部隊や後方支援能力の改善・拡充にも注力し、台湾本島や尖閣諸島などわが国の南西方面の離島への攻略能力も整えようとしている。このまま行けば、二〇二〇年には、「米海軍を上回る大海軍」（ラムズフェルド米国防長官〔当時〕）を擁する可能性も見積もられているのである。まさにマハニズムの達成ということだ。

日本に国家海洋戦略を

いっぽう「海洋国家」を自認する日本はといえば、国家として海洋権益の確保に特段の配慮をすることなく、一貫した国家海洋戦略を示すこともなく、中国や韓国などの強引な言いがかりにたいし防戦一方といった有様である。昨年末に政府が採択した防衛計画の大綱では、中国の海洋進出への懸念を示しながら、対中国戦略上最も大事な対潜能力はもはや時代に合わないとして、大幅に護衛艦や対潜哨戒機を削減するとの方針を示した。ここに戦略的視点はまったく窺えない。

中国自身は、わが国の海上防衛力にある意味で畏敬の念を持っている。しかし五年後、十年後には、中国海軍に畏敬の念を抱くのは日本、という事態にもなりかねない。米国、豪州はもとより、インドやＡＳＥＡＮ諸国なども、そういった事態が来ることを恐れている。今こそ海洋国家日本が、長期的視点、大局的見地に立った国家海洋戦略を構築し、必要な措置を推進すべき時なのだが。

二〇〇五年九月、東京にて

金田秀昭

5　ナショナリズムに駆られるアジアの虎

クリストファー・R・ヒル

セルビア共和国の故スロボダン・ミロシェビッチ元大統領は生前、自分は断じて国民のナショナリズムを煽ったことはないと代弁人に述べていた。たしかに騒乱の最中であっても、彼が行う国民向けの声明や演説からは、ナショナリズムを煽る言葉が慎重に取り除かれていた。

とはいえ、彼が用いたのは言語というよりもむしろ音楽的要素だった。婉曲的表現や身ぶり手ぶりを巧みにあやつり、セルビア民族の被害者意識に訴えたミロシェビッチ氏は、近年の欧州でも稀にみる扇動的ナショナリストだったといえよう。

クリストファー・R・ヒル

被害者意識に訴える愛国的物語

今日の東アジア——とりわけ中国——にもナショナリズムの波が押し寄せている。この古くからの災厄のもとには、おなじみのパターンがある。すなわち、被害者意識に訴える愛国的物語を利用するという点だ。

中国の場合、物語はいわゆる「恥の世紀」を中心に展開する。一九世紀半ばから二〇世紀半ばにかけて、国力の弱かった中国は列強の侵略から自国を守ることができなかった。この屈辱を二度とくりかえしてはならない、というのが物語の主題となる。

日本のナショナリストの間では、物語は戦勝国によって作られた歴史への不満という形をとる。日本は戦後、賠償金や海外援助に数十億ドルを費やしてきたが、戦後七十年の節目が迫り、前へ進もうとしているのだろう。

「わが国はすでに十分謝罪した——」。自民党の安倍晋三総裁（現首相）の発言もこうした流れの上にある。

東アジアで高揚するナショナリズムは長引くのか。この答えは、ナショナリズムの行き過ぎを抑え、国民に自制を促す意思が各国政府に——中国政府にだけでなく——あるかどうかにかかっている。各国の政府は、国民と誠実に対話しなければならないのだ。

日中は並び立たず

歴史の中で積もり積もった不満は、このように物語の形をとり、ナショナリズムを一段と燃えあがらせる。

ただ、歴史問題より、いっそう深刻で厄介な問題がある。近年、日本では政治家にたいする失望が広がり、国の将来像を見通せない状態が続いている。この国では、若者の大部分が自国の政治から取り残されている。たしかに若者の政治離れは日本に限った現象ではない。しかし日本では、政治を担う層の薄さが際立ち、どの国にも増して問題は深刻だ。

日本は世界で最も平均年齢の高い国になりつつある。人口のピークはすでに過ぎ去った。移民を大量に受け入れないかぎり、日本は人口動態の下り坂を勢いよく滑り落ち、今日よりずっと小さな国になってしまうだろう。

また、日本にとって、中国が大きな懸案として存在する。なぜなら、歴史的にみても、両国が同時に強国として並び立った時代はほとんどなかったからだ。したがって、東アジアの覇権を序列構造《ヒエラルキー》として理解するならば、中国が国力を増すとき、日本の国力は弱まらざるをえない。

現代的文化国としての日本

しかし、日本が世界有数の洗練された文化をもつという事実は揺るがない。まさに英国が「世界を統べるブリタニア（Rule Britannia）」から「クールなブリタニア（Cool Britannia）」へ変貌を遂げた事例が参考になるだろう。日本も国を挙げて、グローバリゼーションが進む世界における活気ある現代的文化国家というように、自国を定義しなおすことができるはずだ。日本文化は世界的に影響力をもち、誇るべきものだ。ただし、被害者意識と岩だらけの小島をめぐる、場あたり的で不毛な議論は自制しなくてはならない。

中国共産党の存在意義

中国の抱える問題はより深刻である。中国は最高指導部の交代を控えているが（政権交代は二〇一三年三月に実施）、選挙が政治的戦争の様相をみせる他国の基準からすれば、「平穏」といえなくもない。中国国内の政治対立は、テレビ討論で全国に放送されることはない――すべては密室で決まるのだ。国民は、国家の指導者たちがどのような政策を用意しているのか推測するほかない。

中国の経済成長が減速するにつれて、民衆に問題意識が広がり、選挙を経ていない指導部にたいする信頼はゆらぐだろう。

中国政府にたいして、開放性と説明責任を求める批判の声がないわけではない。しかし、そうした批判も、われわれが考えるほどには明るい見通しを示すものではない。批判の声は——しばしば辛辣な言葉を伴うが——、突き詰めれば、政府に自分たちの経済的利益の保護を求めるものにすぎないからだ。

民主国家であれば、批判する者は集団をなし、何らかの政治勢力となる。究極的には野党を作り、議論や多数決という民主的な手法を通じて、政権与党の意思決定に影響を及ぼす。

しかしながら、中国には民衆の意思を政治過程に取りこむために必要な制度的枠組みがない。もちろん、だからといって、（現政権にたいする）対抗勢力が消えるわけではないし、批判が穏健になるわけでもない。むしろ政権への批判は沸きたち、広がり、強さを増していく。

いっぽう、インターネット上に生まれつつある初期段階の野党勢力への対抗上からも、中国共産党は経済ナショナリズムを主導し続けるとみられる。つまるところ、今や急速な経済成長こそが中国共産党の存在意義《レゾンデートル》の核心なのだ。日本や東南アジアだけでなく、米国との間に軋轢が生じようとも、中国共産党はあくまで経済ナショナリズムをその手に握り続けるにちがいない。

ナショナリズムよりも相互依存を

中国は、（他国との軋轢もやむをえないとする）こうした方針を自制しなくてはならない。どのようなやり方にせよ（答えは中国の人びとが考えることだが）、中国には、各国間の安定した関係に基づく世界秩序を支持するほかに選択肢はない――もちろん中国の近隣諸国も秩序の一部だ。ナショナリストが好むと好まざるとにかかわらず、これは中国がすでに選択した未来である。

中国の指導者たちは、今こそ立ちあがり、あせる国民に向けて、相互に依存しあう現代の世界では中国といえども例外ではなくその一員だという見通しを、はっきりと示す必要がある。

国家の政治指導者たる者は、その海図が示す未来がどんなものであろうと、その名の通り一国の舵取りを陣頭に立って担うことが求められる。中国と日本、両国の指導者たちは、現在の情勢においてみずからが担う役割を自覚し、まちがってもナショナリズムという名の「あぶく」に乗じることがあってはならない。

二〇一二年十月、デンバーにて

6　日中の競争意識をたどる

リア・グリンフェルト

中国全土をかき乱す反日抗議に見られるように、中国では強力なナショナリズムが高まっている。

巨人としての中国

中国の国民感情は、一世紀をかけてゆっくりと知識人の間に浸透しながら、ここ二十年の高度経済成長と軌を一にして大衆の心をつかみ、中国人のアイデンティティーを一新した。中国中に〝民族〟意識が広がり、グローバル競争を戦う〝巨人としての中国〟というイメージが生まれた。中国人はその膨大な国力に見合うことはもちろん、自分たちが思い描く、世界の中での正しい地位にもつり合うだけの国際的威信を望むようになった。

中国は急速かつ目覚ましく、そして着実に力をつけてきた。私たちが生きる現代は、中国を中心とする新しい国際秩序が生まれた時代だったと思い出されることになるだろう。

中国のナショナリズム

競争心の強い民族意識——個人の自尊心が民族の威信と分かちがたく結びついた心理——は、一八九五年から一九〇五年にかけて中国のエリート《ベストアンドブライテスト》たちの間に広がった。

一八九五年、中国は日清戦争で、かつて「倭（＝小人）」と蔑み、見くだしていた小国・日本に敗れた。当時の中国は欧米列強に半ば植民地化されていたものの、どこか鈍感なところがあり、偏った自信をもち続けていた。しかしながら、裏庭のとるに足らぬもの程度にみていた日本との戦いに敗れたことで、中国は自信を打ち砕かれ、耐えがたい屈辱を味わった。

一九〇五年、日露戦争で日本が「白人の大国」ロシアを破ると、中国人は傷ついた自尊心を取り戻す。中国人からみたロシアは、他の欧米列強もが恐れる欧州の堂々たる大国である。したがって、ロシアの敗北は、西洋にたいするアジアの挑戦の勝利を意味した。そして中国の知識人たちの眼には、日本こそがアジアの挑戦を代表していると映ったのだ。

日本に注目する中国

こうして日本は中国の関心の的となった。二〇世紀初頭、中国の軍部や国家機関の改革を担う幹部候補生は大挙して日本に留学した。一九一一年に起こった辛亥革命には日本の明治維新の影響がある。二〇世紀初頭の日本は、声高に国粋主義《ナショナリズム》を唱えていた。そのため、日本を見習った中国の新しい国家像も同様にナショナリズムの色彩を帯びていた。

日本は中国にとって無視できない〝他者〟となった。中国は、日本の良いところは真似し、悪い部分を見つけては憤った。

中国のナショナリズムは、日本から「国民」の概念を借りている。中国語で「国民」を意味する「kuoming」という言葉自体が日本語の「コクミン」に由来する。一九一九年に結成された中国国民党（中国のナショナリズム運動である）には明らかに日本の影響があり、その後、日本の侵略がくりかえされるたびに中国のナショナリズムは燃えあがることになった。

ナショナリズムが変化した共産主義

逆説的に、いや、むしろ当然というべきか、国共内戦で中国国民党と争った毛沢東も、同様に反日ナショナリズムの影響を受けていた。

世界各地で見られるように、中国の共産主義もナショナリズムが姿を変えた存在といえる。毛沢東の中華人民共和国建国宣言の裏には、はっきりとナショナリズムを煽る目的が読みとれる。毛沢東は国民を〝共産主義者〟と定義し、生まれたばかりの中華人民共和国は、米国ではなくソ連の支援を受ける道を選んだ。毛沢東は、米国よりソ連のほうが信頼できる友好国とみた。しかし、ロシア人にせよ中国人にせよ、いずれの国の共産主義者もそれぞれ自国の国家計画においては、国家主義者《ナショナリスト》の本性を隠すことはなかった。

ソ連と中国の両国では、官僚やインテリなどの上層部はナショナリストとしての自覚が強く、共産党による統治のすべてが巧みに国家主義の最終目標へと方向づけられていた。最終目標は、国家の威信である——あるいは自国の意思を露骨に、もしくは穏やかに他国に押しつける力、すなわち覇権と言い換えてもよい。

とはいえ、とりわけ中国では、民族意識はごくわずかなエリート層が抱くにとどまり、長らく大多数の民衆はそうした意識とは無縁とみられていた。

国家の威信をかけた争い

この流れは、中国政府が資本主義経済を導入したことで根底から覆った。一八四〇年代のドイツと同様に——当時、ドイツでは私有企業の殖産興業を推し進める過程で、中産階級全体にナショナリズムが広がった——、中国の偉大さを支える大黒柱は経済力であるとの方針が示された結果、一般の中国人にもナショナリズムの訴えが響くようになった。

現在、数億の中国人がみずからの尊厳と国家の威信とを結びつけ、国家に貢献することを強く望んでいる。よもや自分たちの国が侮辱される事態が起これば、彼らは我慢できないだろう。国家の威信をかけた争いは、それが経済を舞台にした競争であっても、純粋な合理的行動というかたちをとることは少ない。つまり、過去の歴史問題がしばしば表面化することも驚くに当たらないのだ。

一部の中国人は、日本が犯した過去の過ちを執拗かつ激しく糾弾する。こうした傾向は経済的に豊かでない人に顕著だ。日本は、資本主義経済を導入した中国に資金を投じる立場にもかかわらず、今なお中国では悪役のままだ。

実際、北京に住むある大学教授から筆者が次のような話を耳にしたのはそう昔のことではない。すなわち、「二〇人の中国人が集まれば、二人は米国を嫌っているだろう。ところが日本のことは九人が憎んでいる」と。

新たなディグニティゲーム

欧米諸国は、日中の国粋主義的な対立を、一歩離れて余裕をもって眺めることができる。

そもそも、中国にせよ日本にせよ、いずれも「ならずもの国家（rogue state）」ではない。また、両国の口喧嘩が核などの非正規兵器の使用に発展することでもないかぎり、アジアの中での小競りあいとみることもできる。さらに言うなら、東シナ海の小島（沖縄県尖閣諸島、中国名・釣魚島）をめぐる主権争いについても、中国各地で反日抗議が暴徒化する一方、日本はしだいに冷静さを取り戻すとみられる。

とはいえ、欧米諸国には――とりわけ米国には――中国が主導する「威信をめぐる競争《ディグニティゲーム》」が新たに待ち受ける。欧米各国が短気にはやり、おこがましくも五千年の文化を誇る孔孟の国の機嫌を損ねることがあれば、中国のナショナリストたちの怒りの矛先は欧米に向かうことになりかねない。

二〇一二年九月、ボストンにて

リア・グリンフェルト

7　中国の対外行動の源泉

閻学通《えんがくつう》

約六十年前、米国務省のジョージ・ケナン氏は、「ソビエト対外行動の源泉（The Sources of Soviet Conduct）」と題する論文を発表した（一九四七年、米フォーリン・アフェアーズ誌に寄稿。著者名がXだったため「X論文」とも呼ばれた）。この論文は、米国のみならず世界中にショックを与え、短期間に冷戦構造が形成される要因の一つとなった。

米中の冷戦を避けるために

今日、中国の世界経済に占める重みは増し、その軍事展開力の拡大ともあいまって、「中国の対外行動の源泉」を知ることが国際関係の分野で大きな論点となっている。実際、中国の対外政策の論理をよく理解すれば、米中関係が硬化し、敵対化する事態を防ぐことができるにちがいない。

二〇〇八年以降、対外政策のあり方をめぐる中国国内の議論は、二つの論点に集約される。一つは政策の土台となるイデオロギーにかんする議論、もう一つは国際社会における中国の地位と発信力についての議論だ。後者は「ソフトパワー」をめぐる議論と言い換えてもよい。

中国外交の二つの論点

中国学派《チャイニーズスクール》と呼ばれる主流派は、中国独自のマルクス主義こそ外交の基本原則だと論じ、中国政府もこの見解に立つ。いっぽう少数派は、中国は伝統的な政治思想によるべきだと論じ、古代道徳がもつ普遍的価値を訴える。

こうした少数派の主張にたいして、中国共産党機関紙「人民日報」は一貫して批判を繰り広げてきた。ところが共産党自体は、伝統的道徳の中心にある孔子の教え（儒学）の復権を試み、しまいには天安門広場に孔子像を建てるに至った（二〇一一年四月、この論文発表の直後に撤去・移設された）。

中国学派は、「韜光養晦《とうこうようかい》」という鄧小平氏の遺訓の遵守を訴え、国際舞台では低姿勢に徹することを求める。かたや伝統主義者の陣営は、国際社会でより大きな責任を担うことを説く。主流の中国学派は、今なお世界第一〇四位でしかない一人あたり総生産（GDP）を持ち出し、自国を「発展途上国」と見なす。いっぽう伝統主義者は、米国に次ぐ世界第二位の経済大国という規模を引きあいに、世界的な問題にたいして中国はその地位に見合うだけの責任を引き受けるべきだと訴える。

儒学の教えと中国の対外行動

今日、中国学派の主張が影響力をもつのは、もっぱら政府の公式見解に限られるといってよい。むしろ伝統主義者の意見が政策形成において影響力を増しつつある。

一つ例を挙げよう。中国政府はリビア危機（二〇一一年）に際し、他国の内政問題への不干渉という外交方針をくりかえし表明した。ところが国際連合（UN）がカダフィ政権への制裁を決議すると、中国もこれに同調したのである。

そればかりではない。中国政府は地中海のリビア沖に軍艦一隻と四機の軍用機を派遣し、リビア国内の中国人三万五八六〇名および外国人二一〇〇名の救出活動を行った。中国海軍にとって過去に例のない遠距離作戦となったこの措置の背景には、国家の外交は経済的利益だけで動くとするマルクス主義ではなく、政策立案において道徳を優先する儒教の影響があるといえよう。

君子国たる中国

古代の儒家は、領土の優位をめぐり小国どうしが非情な争いを繰り広げる時代に生き、後世に残る書物を著した。古代の国家にとって他国との競争でカギを握るのは政治力だった。そして政治力を突き詰めれば、道徳を体現する為政者、すなわち君子の指導力に行きつく。為政者は可能なかぎり、いつでも道徳的規範にのっとり政治を行うものとされた。そして君子たるもの、ただ自国の人民を治めるばかりでなく、世界全体を治めるべきだと考えられた。

したがって君子には、人民に暴政をふるう不道徳な為政者があれば、それがたとえ他国の為政者であっても罰するための行動が求められる——孔子の教えを受けつぐ儒家はこのように論じた。なかでも、孔子の最大の知的後継者というべき孟子の説くところでは、為政者が軍事力や経済力を頼るようになると、徳を失い、道を外れ、他国との関係で長期にわたり優位を保つことはないとされる。

キッシンジャー氏の持論

中国は現在、世界各地に「孔子学院」という中国語教育機関を設立している。しかしながら今まで、伝統的な政治思想が中国の政策形成を左右する機会はほとんどなかった。ところがリビア危機での中国政府の対応は、これまでの政策とは大きく意味合いが異なる。それが古代道徳に基づくものかどうかはともかく、近い将来、中国の外交関係者の間で伝統的な政治思想が主流を占める日が来てもおかしくはない。

米国の国務長官を務めたヘンリー・キッシンジャー氏は、あるとき筆者に向かい持論を語った。すなわち、「中国の外交をみるかぎり、他国のイデオロギー（たとえば、マルクス主義や自由主義）が政策の背景で支配的な位置を占めているようだが、いかなる外来思想よりも貴国の古代道徳にこそ大きな可能性があるはずだ」と。

対外行動に変化の兆し

一国の外交は、つねに国内政治に左右される。先日閉幕した第十一期全国人民代表大会（全人代）の政策論議では「幸福」という言葉が盛んに飛び交った。従来の「経済成長」に代わり、突如として「幸福」が政府のお題目となったのだ。

この国内政治における言葉の変化は、対外政策が同様の変化に向かう兆しとみることもできる。というのも、「幸福」という言葉はマルクス主義者の語彙というよりも、中国の儒者が好んで使う言葉なのだから。

古代儒者の教えによれば、為政者の主な仕事は、人民の幸福を向上するために手立てを尽くすことにある。道徳的に生きること、それ自体が幸福である。いっぽう貧困は道徳的な行いを妨げるものとされる。だからこそ、国家には貧困の根絶に真剣に取り組むことが求められるのだ。国家は道徳を顧みるよりも、ただ経済成長を推し進めるべきだとする考え方を、孔子とその弟子たちは忌み嫌った。

伝統的な教えが影響力を増す

中国の春節（旧正月）は、家族が再会する一年で最も重要な祝日である。二〇一〇年二月、胡錦濤国家主席（当時）はこの春節に合わせて、「政府は尊厳ある幸福な国民生活を助けなくてはならない」と発言した。胡氏は同じ月の記者会見で「政治改革なくして経済改革はない」と述べ、「わが国は、政治汚職によって憂慮すべき事態に陥っている」と懸念を示した。

こうした発言は、中国人の耳には新鮮に響く。なぜなら、胡氏の発言は、中国共産党のいつもの経済決定論ではなく、もっと政治的に踏みこんだものだったからだ。

中国古代の政治思想——道徳的義務、幸福、尊敬をめぐる先祖伝来の教えと言い換えてもよい——が今後、中国の対外行動に与えるインパクトの大きさや、影響の広がりを現時点で言い当てることは難しい。しかし、伝統的な教えが中国人の生活の中で影響力を増していることは確かである。そして、見通すかぎり数年先まで、この流れが逆転する兆しはどこにも見当たらない。

二〇一一年三月、北京にて

8　中国が北朝鮮を見捨てる日

朱鋒

内部告発サイト「ウィキリークス」が暴いた二〇〇四〜一〇年の米国外交公電には、中国の対北朝鮮政策にかんする重要な情報が含まれていた。韓国による朝鮮半島統一を中国が進んで受け入れるとする情報もあったといわれる。

北朝鮮をかばう中国

この中国政府の姿勢はとうてい信じられない。なぜなら、二〇一〇年三月の韓国哨戒艦「天安《チョンアン》」沈没事件、続く十一月の延坪島《ヨンピョンド》砲撃事件をめぐり、表向きは北朝鮮を非難することがなかった中国の態度と完全に矛盾するからだ。

同様に中国指導部は、北朝鮮にたいして瀬戸際外交をやめるように迫るどころか、むしろ米国、日本、ロシア、国際連合（UN）、そして韓国に呼びかけ、多国間の緊急協議を求めてきた。中国のこうした動きをみるかぎり、北朝鮮に挑発行為の代償を払わせようという意思は感じられない。

なぜ中国は、毅然とした態度で北朝鮮の動きを抑制しないのか。一般的に中国は、在韓米軍にたいする防壁としての北朝鮮を失うことを望まないとされる。だからこそ中国は、北朝鮮の「金《キム》王朝」を支え、韓国を基本とする朝鮮半島統一を防ぐ手立てとしているのだ。

いかにも朝鮮半島の統一自体は、中国からすればさほど議論の分かれる問題ではない――北京（中国政府）には半島問題の結末が韓国による統一以外のかたちをとるという見方はほとんどない。むしろ中国では、半島統一という事態から予想される自国の安全保障への打撃をいかに小さく抑えるかに関心が移っている。

中国の国益

核実験、ミサイル発射、ウラン濃縮、果ては韓国の兵士や市民の殺害まで――。北朝鮮が挑発行為をくりかえすたびに、中国の外交は試練に立たされる。中国は北朝鮮をめぐり、いつものようにあいまいな態度をとり、影響力の行使を避ける――こうして中国は同じ社会主義の同盟国（一九六一年の中朝友好協力相互援助条約を自動更新している）をかばってきた。しかしこれは、狭い国益に固執する中国という構図を世界中に知らしめているようなものだ。

とはいえ、こうした国益は定量化するのが難しいのも事実だ。中韓の貿易量は、中朝の約七〇倍に及ぶ。したがって、欧米諸国が主張するように中国が本当の意味で重商主義国家であるならば、思いきって韓国側に傾くはずだ。

また、東アジアにおいて「新しい冷戦」を焚きつけることも、中国の国益に反する。つまり、国益の観点からすれば、中国は朝鮮半島の非核化に向けて、真剣に取り組むのが当然であり、北朝鮮に核の挑発行為をやめさせるために動くはずだ。

皮肉なことに、中国のあいまいな態度は韓国、日本、そして米国で冷戦さながらの懸念を呼んでいる。実に韓国は、北朝鮮を抑制することをしぶる中国の態度を受けて、米国との防衛協力の強化に動くほか、政治・国防の両面で日本との協力強化に傾いている。

万が一、北朝鮮が暴走し、中国がそれでもなお危険な核武装国家を擁護し続けるなら、日米韓の三カ国枢軸にたいする中朝連合という東アジアの戦略的対立が再現しかねない。当然のことながら、こうした構図は中国にとって望ましいはずがない。

不良息子を愛する中国

それでも中国は、できるだけ事態から離れて見てみぬふりを決めこむつもりらしい。残念なことに、時代遅れのイデオロギーが中国の動きを規定している。二〇〇九年、中国は「(北朝鮮との)関係を正常化する」と宣言したが、その対北朝鮮政策は、正常ではない「血盟関係」に今も引きずられる。たとえば、翌一〇年十月の朝鮮戦争六〇周年記念座談会で、習近平国家副主席(当時)は朝鮮戦争について「米国の侵略にたいする名誉ある戦争」と語り、物議をかもした。

ほとんどの中国人は金正日《キムジョンイル》総書記(当時)の王朝的レーニン主義体制を好ましく思っていない。両国の政治・経済・社会構造は、もはや大きく異なっている。にもかかわらず、北朝鮮がどれほど不愉快な行動に出たとしても、やはり中国の指導部はそれを止めることができない。

つまるところ、中国の外交方針は、北朝鮮との友情の記憶や強者に立ち向かう弱者への共感によって形づくられている――北朝鮮は、核開発をめぐる六カ国協議でも、米韓中ロ日に比べてひときわ弱い立場にあるのだから。

こうして、中国は北朝鮮の言動に激怒することもない代わりに、かつての戦友たる隣国の崩壊にも一切関与しないという態度をとる。

「北朝鮮の人民に親しみを感じる」と筆者に語った中国政府高官は一人ではない。中国指導部は、北朝鮮が大きな重荷になっている現状をよくわかっている。ところが、不良息子を愛する親のように、北朝鮮を勘当することはできないのだ。

国益よりも惰性

中国が対北朝鮮政策を見直すことができない背景には、こうした感情的なつながりがある。そのうえ官僚組織にありがちな「現状維持」がこれに加わる。危機が起こるたびに中国は動揺する。しかし中国は新しい道を切りひらく代わりに、旧来の態度に閉じこもる。

実際、中国の対北朝鮮政策は、機敏に国益を求めるというより、むしろ惰性に支配されている。もちろんこの先も中国の対北朝鮮政策が変化しないという保証はない。しかし、中国指導部が北朝鮮をめぐる相反する感情から抜け出さないかぎり、大きな変化は見込めない。

各国との共同歩調を

幸い、北朝鮮をめぐる中国内部の見方は、もはや一枚岩ではない。たしかに中国のエリートの間では、外交政策で意見が対立することは少ない。ただ、北朝鮮は中国に地理的に近く、突然の体制崩壊が中国を脅かす危険をはらんでいる——大量の難民が予想されるなど、中国の安全保障への影響は避けられないだろう。この先、中国内部では対北朝鮮政策をめぐる意見の相違が広がっていくにちがいない。

以上述べてきたように、北朝鮮をめぐる中国の思惑には、つねに複雑さがつきまとう。北朝鮮が挑発行為をくりかえし、朝鮮半島の危機が高まる局面でも、中国はあいまいな態度に終始する。

中国の不安は、より広い国際協調の文脈においてこそ解消することができるはずだ——そのためにも中国は各国と連携しなくてはならない。ところが、延坪島砲撃事件に続く数日の対応

朱鋒

が示すように、中国が毅然とした対応を打ち出す見込みは薄いといわざるをえない。

各国との共同歩調という、現実的かつ前向きな見通しに中国が目を向けないかぎり、半島問題をめぐる国際協調の実現は遠い。

二〇一〇年十二月、北京にて

9 試される米中の共同覇権

ハビエル・ソラナ

北朝鮮による脅威が拡大し、今や朝鮮半島は世界で最も危険なホットスポットの一つとなった。しかし、危機の副産物として注目すべき機会が生じている。すなわち、今般の危機が米国と中国の間に戦略的信頼関係を育てるかもしれないのだ。

米中両国こそ、朝鮮半島の緊張を収束させうる確固とした実力をもつ。すべての関係国が受け入れ可能な平和を築くために両国が建設的に協力することができるならば、朝鮮半島に平和が訪れるだけでなく、東アジア一帯、さらには世界全体が今よりずっと安全な場所となるにちがいない。

極限まで高まる緊張

核拡散防止条約（NPT）を脱退して十年がたち、現在の北朝鮮は明らかに核兵器を保有している。二〇〇六年以降で三度目となった一三年二月の核実験で、北朝鮮は核兵器の小型化に成功したとみられる。核兵器の小型化は、核弾頭を弾道ミサイルに搭載するうえで欠かせない技術であり、これによって状況はいっそう憂慮の度合いを深めた。

二月の核実験を受けて、国際連合（UN）は北朝鮮に新たな制裁を課した。この制裁決議案は、米国と中国が共同で起草したものだったが、逆に北朝鮮は威嚇と挑発行為で応じた。米韓両軍は合同軍事演習（フォールイーグル）を例年通り実施し、朝鮮半島の緊張は否応なく高まった。とりわけ、米空軍が核爆弾搭載可能な戦略爆撃機「B‐52」「B‐2」を演習に投入した時点で緊張は一段と高まったのである。

誰も望まぬ朝鮮有事

誰も朝鮮半島での戦争は望まない。実際、北朝鮮からすれば、それは破滅を意味する。南の韓国にしても、活発かつ敏感な自国経済を抱え、自由貿易協定を拡大しつつある現状に照らせば、戦争の機会費用は極めて高くつく。

同様に、中国にとっても、自国のめざましい経済発展のうえで北東アジア地域の安定は不可欠だ。

また米国にとっても、軍事衝突は（金融危機からの）経済復興の後退に直結する。過去十年にわたりイラクとアフガニスタンでの戦費を国債発行でまかなってきた米国は、ついに国防予算を削減しつつあり、不測の軍事紛争に対応する余力はほとんどないとみられる。米国が進めるアジアへの「軸足転換《ピボット》」は、アジアに経済発展の機会を求めるものではあっても、紛争という予測不能の事態に対応するための枠組みではないのだ。

カギを握る中国

この紛争を解決するうえで、地政戦略上のカギを握るのはやはり中国である。なぜなら、北朝鮮のエネルギー消費の約九割を供給しているのは、ほかならぬ中国だからだ。そのうえ北朝鮮は、日用品の八割、食料の四割を中国の支援に頼っている。

とはいえ、中国政府が北朝鮮の金正恩《キムジョンウン》体制にどれだけの影響力をもつかは未知数だ。中国と北朝鮮の二国間関係は、一九九一年以来、著しく傷ついてしまっている。

問題の一九九一年には、米国が北朝鮮を国家承認していないにもかかわらず、中国が先行して韓国を正式承認するという事件があった。北朝鮮は、中国がみずからの貿易上の利益を優先し、自分たちはその犠牲にされたと思いこんでいる。そして中国と北朝鮮の二国間関係は今もこの後遺症を引きずっている。

それでもなお、中国は北朝鮮に戦略上重要な価値を認めている。なぜなら、北朝鮮が位置する場所は、歴史的に外敵が中国に侵入する地点に当たり、中国国境から在韓米軍を遠ざける緩衝国として役立つからだ。

したがって、中国にとって理想の解決策は現状維持《ステイタスクオ》に落ちつく。その間も中国は、北朝鮮に開放を促し、紛争の勃発を避け、金正恩体制の崩壊を回避しつつ、段階を踏んで変革へと導くつもりなのだろう。

多国間の取り組みを

紛争勃発にせよ体制崩壊にせよ、衝撃的な結末は北東アジアのみならず世界全体にとって災難でしかない。ひとたび金正恩体制に内部崩壊が起これば、大量の難民が流出する事態は避けられない。これは莫大な社会的・経済的負担の発生を意味する。

しかも、アジアの外交は、今なお勢力均衡《バランスオブパワー》の論理で動き、国境紛争はやまず、歴史的な相互不信がはびこっている。そのうえ、アジアには域内の緊張をやわらげることのできる多国間の安全保障機構がない。つまりアジアでの対立は、たとえ発端は小さな衝突であったとしても、大きな紛争に発展しかねない危険をはらむ。

また、中国の地域覇権国としての台頭を受けて、東アジアの多くの地域では不信が広がる。こうした状況に照らせば答えは自明だ。すなわち、地域に平和と安定をもたらすうえで、中国は進んで多国間の取り組みに加わるべきだ。地域の平和と安定のためには、すべての参加国が受け入れ可能な、アジアの起源に根ざした枠組みが欠かせない。

中国はこうした枠組みづくりに率先して取り組む以外に、国際社会で正統性《レジティマシー》を高めるすべはない。中国の取り組み次第で、将来にわたる紛争発生のリスクも緩和へ向かうだろう。

ハビエル・ソラナ

米中協調が不可欠

現在進行中の危機を解決するためには、米国と中国が歩調を合わせて行動することが不可欠だ。米国は中国にたいして、朝鮮半島の現状をあいまいにして引き延ばす態度は中国にとって戦略的損失だということを粘り強く説得しなくてはならない。また、北朝鮮の核開発停止を求める国際社会の取り組みに加わるべきだというメッセージを伝えるのも米国の役目だ。両国の共同行動だけが北朝鮮の暴走を制止し、危機発生とそのリスクを抑えることができる。

今般の危機は、世界の二大覇権国が国際問題の解決に向けてどのような協調行動をとるかを見届けるうえで類のないテストケースになる。より正確には、北朝鮮問題は世界中に因果関係が広がる「地域問題」ということだ。

今月（二〇一三年四月）、米国のジョン・ケリー国務長官は中国を訪問し、朝鮮半島の非核化および永続する地域の平和をめざすことで米中両国が合意したことを明らかにした。

この発表はよい出発点となりうる。北朝鮮問題をめぐる米中両国の協調は、今後いっそう必要性を増す両国の戦略的信頼関係に向けて、大きな一歩となる可能性を秘めている。

米中外交の発想の違いを越えて

とはいえ、両国の外交手法は大きく異なるため、協調は一筋縄ではいかないだろう。米国の外交は、問題を断片に分けたうえで、限られた時間のなかで個別に解決策を見いだそうとする。いっぽう中国の外交は､広範かつ長期の視点から､諸問題を一連の過程として捉える傾向がある。貧窮し、孤立し、核武装した北朝鮮の危機に際して、米国と中国の協調だけが唯一可能な解決策だということを述べてきた。北朝鮮問題をめぐり米中両国は、課題と同時に機会にも直面する。両国はこの機会をとらえて戦略的信頼関係を大きく前進させなくてはならない。

二〇一三年四月、マドリードにて

10　チャイナパワーの驕り

ブラーマ・チェラニー

成功は自信を生むが、急速な発展は傲慢さを生む。端的にいえば、アジア各国と欧米諸国が中国にどう向きあうかという問題である。二〇一〇年六月のカナダ・トロントG20首脳会議《サミット》では、この問題が改めて浮きぼりとなった。

自信を深める中国

急速な経済成長と軍事力の拡大を背景に、中国政府は強硬な外交政策を打ち出しつつある。当初中国は「和平発展」を唱えていたが、しだいに拳を包むグローブをはずし（これまでの方針を変え）、今や必要な力をすでに獲得したとの確信を強めている。

中国のこうした態度は、二〇〇八年秋に起きた世界金融危機によって、いっそう鮮明になった。中国は一連の危機を「アングロサクソン流資本主義の行き詰まりと米国経済の失速を象徴するもの」とみた。裏返していえば、危機を通じて自分たちの「国家資本主義」が米国流の資本主義に取って代わりうることを確信し、世界における自国の優位性は疑いようがないと自信をもったのだ。

「自由化し、民営化し、市場の決定に任せよう」とずっと唱え続けてきたにもかかわらず、米国と英国は、自国の金融機関が危機的状況に陥ると先を争って救済に動いた――中国の消息筋は嬉々としてこう指摘する。たしかに、中国が急速な成長を遂げ、経済的な安定を保ち、世界金融危機を乗り越えられたのも、米国や英国とは対照的な「国家資本主義」のおかげかもしれない。

実際、中国経済は過熱しすぎていると言われ続けながらも、輸出と個人消費は順調に伸び、外貨準備高は今や二兆五〇〇〇億ドル（約二五〇兆円）に迫る。いっぽう米国の財政・貿易赤字は危機的な状況にある。

こうした背景もあって、中国のエリート層は共産党一党独裁と国家資本主義を組み合わせた、自分たちの政治体制にますます自信を深めている。

最大の敗者はアンクル・サム

中国からみれば、世界金融危機の最大の敗者はアンクル・サム（米国）である。米国は、巨額の政府債務をやりくりするため、毎週数十億ドル（数千億円）にのぼる国債引き受けを中国に頼っている。これこそ世界の金融覇権が移行しつつある兆しといえよう。そして中国はこの先、まちがいなく金融の力を政治的なパワー獲得のために使うだろう。

足元では欧州債務危機に注目が集まるかもしれない。しかし、大きな構図《ビッグピクチャー》でみれば、中国にとって、米国の相対的な凋落の象徴である慢性的な財政赤字と政府債務の存在こそが重要だ。

さらに、米国が海の向こうで展開する二つの戦争がこの構図に加わる——その一つ、中東のアフガン戦争はますます混迷の度を深め、泥沼化している。中国の指導者たちの脳裏には、「手を広げすぎた帝国」の危うさを説く英国の歴史学者ポール・ケネディ教授の教えがよぎっているにちがいない。

こうした背景を踏まえれば、中国が自己主張を強めるのも当然かもしれない。「韜光養晦《とうこうようかい》（能力を隠して時を待て）」という鄧小平氏の教えは、もはや適切ではないようだ。今や中国はためらうことなく、軍事力を誇示し、様々な局面で自説を展開する。

中国をめぐる軋轢

結果として、中国と欧米の間に新たな緊張が生じている。この緊張は二〇〇九年のコペンハーゲン国連気候変動サミットで浮きぼりとなった。中国は、すでに温室効果ガス排出量が世界最大であるばかりでなく、その排出量も世界最速で増え続ける。にもかかわらず、中国は今なお「発展途上国」に分類されるという事実をたてに、削減圧力を巧みにそらしてしまった。

その後も中国をめぐる緊張の種は尽きない。中国は人民元の為替操作を続け、異常ともいえる貿易黒字を積みあげるほか、外国企業単独の国内製造を禁じ、国内市場への参入を阻んでいる。

政治・安全保障の面でも、中国は懸念を呼ぶ。たとえば、拡張する中国海軍の活動と海上権益をめぐる主張は、伝統的に航海の自由を重視する米国と正面から衝突する恐れがある。

通貨と資源をめぐる争い

とはいえ、経済的にも軍事的にも問題を抱える米国にとって、中国にたいして取りうる外交政策の選択肢が限られていることも事実だ。貿易をゆがめ、巨大な不均衡を育て、希少資源をめぐり各地で競争を煽る中国に是正を促すうえで、米国は今なお影響力をもつが、かつてなくその行使には腰がひけている。

自国通貨を安くし、不当に安い製品で世界市場を席巻するなど、中国は他国を食い物にするかのような貿易政策を推し進める。その結果、欧米や日本もさることながら、発展途上国の製造業が圧迫されている。また、中国の貿易政策は、世界経済を不安定にし、ひいては欧米諸国の国益をも脅かしかねないものだ。

そのうえ中国は、主要資源の確保を優先し、国際社会が非難する「ならず者国家（rogue state)」への支援を続ける。

それでもなお米国は、中国にたいして目に見えるかたちで圧力をかけることを避けている。一九七〇～八〇年代、経済大国として台頭する日本に容赦なく圧力をかけた当時の米国と比べるとまるで別の国のようだ。

当時の日本は自国通貨の円を安くし、非関税障壁によって外国製品を排除していたが、米国の強い圧力を招き、執拗な締めつけに屈してついに譲歩した。

今日、米国は中国にたいして同じ手法を取ることができない。なぜなら、中国は軍事的にも政治的にも覇権国であるうえ、北朝鮮、ミャンマー、イラン、パキスタンなど諸問題を解決するうえで中国の協力が欠かせないからだ。対照的に、日本は今なお平和主義の経済大国という枠の中にとどまる。

軍事力あっての経済大国

重要なのは、中国が経済大国になる前に軍事大国になっていたという事実だ。中国の軍事力は初代国家主席の毛沢東によってつくられ、それを受けて鄧小平氏は急速な経済成長に向けて邁進することができた。鄧氏が「四つの近代化」を進める以前に中国は、すでに一万二〇〇〇キロメートルを射程にいれる初の国産大陸間弾道ミサイル（ＩＣＢＭ）「ＤＦ－５」を試射していたほか、核弾頭も開発するなど、軍事大国としての地位を獲得していたのだ。

毛沢東がつくりあげた軍事面の安全保障がなければ、中国は現在の規模の経済力を築くことはできなかったもしれない。そしてこの先は、過去三十年で一三倍の規模に膨れあがった経済力が、軍事力という「爪」を磨くために使われることになる。

中国の興隆は、鄧小平氏の功績であると同時に毛沢東の遺産でもある。中国に軍事力がなければ、米国は中国を日本と同じように扱ったにちがいないのだ。

ブラーマ・チェラニー

二〇一〇年六月、ニューデリーにて

11 興隆アジアがゆく

ブラーマ・チェラニー

アジアの興隆が欧米の凋落を意味するか否か、というテーマが国際議論の場で盛んに論じられている。ところが、欧州や米国の足元の経済停滞に気を取られるあまり、アジアの持続的成長に影を落とす決定的な問題が見過ごされがちだ。

アジアの懸案

たしかに、現在進行中の世界規模のパワーシフトは、何をおいてもアジアの驚異的な経済成長と連動している。その成長のスピードおよび規模は、世界史上類がない。アジアは、世界最速で成長する経済を擁するだけでなく、軍事支出の伸びも群を抜き、資源をめぐる競争も苛烈である。さらに、（地政学上も）熱い火種を抱えるアジアの動向が未来の世界秩序を占うカギとなることに疑問の余地はない。

とはいえ、アジアが大きな壁に直面していることも事実である。たとえば南シナ海の問題など、解決の糸口が見えない主権争いへの対応は待ったなしだ。ますます熱を帯びるナショナリズム、昂進する宗教的過激主義、水やエネルギーをめぐる争いも鋭さを増す――。こうした負の歴史的遺産がアジアの外交関係をこじらせる。

しかも、アジアの政治統合は、経済のそれに比べてひどく遅れている。安全保障の枠組みを欠いていることも事態をいっそう複雑にする。域内協議の仕組みは今なお脆弱だ。

共通の安全保障機構や共同体をアジア全域に広げるべきか、それとも厳密に定義しない「東アジア」に限るべきか、という点で見解の相違が根強く残る。

戦争がありうるアジア

懸案の核心には次のような事情がある。すなわち、欧州が二〇世紀前半に血で血を洗うような大戦争を経験し、もはや戦争などありえない地域になっているのにたいし、アジアでは、二〇世紀後半に経験した数々の戦争も、国家間の溝を深めるものにすぎなかったという事情だ。朝鮮戦争とチベット侵攻が発生した一九五〇年以降、アジアではいくつかの国家間で戦争が起こったが、いずれも根本的な問題の解決には至らなかった。

最も顕著な例を挙げよう。かつて中国は、貧しく、国内に問題を抱えていた時でさえ外国への軍事介入をためらうことがなかった。米国防総省の二〇一〇年報告によれば、中国は戦略的《ストラテジック》防衛《ディフェンス》の名のもと、一九五〇年、六二年、六九年、七九年に軍を動かし先制攻撃を行った。中国は、七四年にベトナムから西沙《パラセル》諸島を奪い、九五年にはフィリピンの抗議を無視して南沙《スプラトリー》諸島のミスチーフ環礁を占拠した。こうした歴史に照らせば、急速な軍事拡張路線をとる中国にたいして、アジア各国が深刻な懸念を抱くのも当然だ。

かつての日本と現代中国の違い

日本が明治時代（一八六八～一九一二年）に列強として台頭して以来、世界の秩序を左右するだけの実力をもつ非西洋国家はずっと現れなかった。当時の日本と現在の中国には、ある決定的な違いがある。すなわち、日本の台頭は他のアジア各国の凋落を伴っていたのだ。一九世紀までに欧州の列強がアジアの大部分を植民地化していたため、日本を抑止できる国家が現れる余地は残されていなかった。

今日では、中国の台頭と同時に、韓国、ベトナム、インド、インドネシアなど他のアジア主要国も成長を遂げつつある。

また日本も、中国に世界第二位の経済大国の地位こそ譲ったものの、強力な国家であることに変わりはない。一人あたり総生産（ＧＤＰ）でみれば、日本は中国より九倍も豊かで、アジア最大の海軍力と最先端のハイテク産業を誇る。

日本の来た道をたどるのか

日本は、列強の一角として台頭したのち、帝国主義に傾きアジア各地で侵略を行った。いっぽう、今日興隆する中国の領土拡張の衝動は、多少なりとも他のアジア諸国によって抑止されている。軍事的にみても、中国は切望する領土を獲得できる次元にはない。

とはいえ、中国の防衛費はＧＤＰの二倍に迫る勢いで伸びている。中国の指導者が周辺国に領土紛争をしかけ、強硬な外交政策を追求すればするほど、かえってアジア諸国は米国との結びつきを深め、中国をとりまく各国は歩調を合わせて行動するようになる。

実際、中国は日本と同じ道を歩んでいるといわざるをえない。軍国主義によって、アジア地域はいうまでもなく自国にも悲惨な結果を招いた、かつての日本がたどった道である。日本は明治維新を機に「富国強兵」を掲げ、強力な軍隊を築いた。軍部は極めて強大になり、ついに文民政府を支配するに至った。

同じことは中国でも起こりうる。権力の独占を維持するうえで、中国共産党は、ますます軍部を頼るようになっているのだ。

覇権は流動的

より広範にみれば、アジアのパワー力学は今なお流動的だ。新たな同盟が結ばれ、ときに関係が変化するほか、各国の軍事拡張が地域の安定を脅かす。

たとえば、中国、インド、日本の三カ国は、戦略上の優位を確保すべく互いに策略をめぐらしている。この三カ国は関係を変化させ続けてきたが、しだいに日本とインドが戦略的パートナーシップを深め、日印両国と中国との間で対立が先鋭化しつつある。

アジアは世界で最も広く、最も人口が多く、かつ最も急速に発展する大陸を擁する。しかし、それだけで未来がアジアのものであるというのは早計だ。規模は必ずしも利点ではない。歴史は、戦略をもつ小規模な国家が世界の覇権を握ってきた事実を示している。

たしかに、アジアの人口がもっと少なければ、水や食料、エネルギーなど天然資源と人口の間で均衡がとれていたかもしれない。

たとえば、水不足により中国の工業部門には、毎年、推計二八〇億ドル（約二・八兆円）の余計なコストがかかっているとされる。国際連合（UN）はインドや韓国、シンガポールなどのアジア各国を「水不足に直面する国」として登録するが、ここから外れている中国にして、この状況なのである。

アジアが過ちを犯さないために

政治問題や天然資源の不足という困難が増していることに加えて、アジアは国内総生産（GDP）の伸びを重視しすぎるあまり、それ以外の指標をおざなりにするという過ちを犯してきた。その結果、格差が拡大し、汚職は蔓延し、各国で不満が高まっているほか、環境破壊も深刻さを増している。

また、欧米の政治的価値観をなおざりにして、その経済的価値観だけを取り入れたせいで、多くのアジア諸国でゆがみが生じていることも見過ごせない。

アジアはまちがってはいけない。世界に先がけて包括的な発展を遂げた欧州が現在直面する課題よりも、アジアが突き当たる問題はもっと深刻なのだ。発展が自明かのごとく中国は輝きを放つが、域内に喫緊の課題を抱えるアジアが世界を主導し、新たな世界秩序を形成することができるかどうかは、まったく予断を許さない。

二〇一二年五月、ニューデリーにて

12　水をめぐるアジアの覇者

ブラーマ・チェラニー

ますます自己主張を強める中国——その興隆への対応こそが、アジア最大の課題であるという現実を指し示すかのように、中国政府は、周辺諸国へ流れこむ主要な国際河川での巨大ダム新設計画を次々と明らかにしている。

下流に位置する国々の懸念をよそに、一方的に突き進む中国国務院（政府）の決定を受けて、アジア各国には「中国の台頭にいかに適応するか」ではなく、「中国の指導部をいかに説得して、周辺国との協調を制度化できるか」という問いが課せられている。

水の覇権

中国は地理的にアジアの中心に位置し、およそ二〇の国々と陸・海の国境を接する。したがって、中国の関与なくしてルールに基づく地域秩序を打ち立てることは不可能である。

では、どうすれば中国を協議のテーブルにつかせることができるだろうか？

この問題は、国境をまたぐアジアの大河において最も顕著だ。中国がアジアに築きつつある「水の覇権」は、世界の諸大陸を見回しても比肩するものがない。中国はチベット高原や新疆《しんきょう》ウイグル自治区で主要な国際河川の源流を押さえるほか、ダム・貯水池・河口堰《ぜき》・用水系統など各種設備を建て、国境をまたぐ大河の流れを再設計しつつある。

水資源覇権国の中でもとりわけ多くの国際河川の源流をもつ中国は、すでに全世界の総数より多くのダムを有し、飽和状態にある国内河川から国際河川へとその関心を移している。

中国のダムは多面的な機能をもつ。通常の水力発電を行うほか、ダムの建設自体が鉱物資源の採掘も兼ね、工業部門を潤す。さらに農地の灌漑や、都市への上下水道の供給にいたるまで、一つのダムがさまざまな用途に使われる。

中国はダム開発をたえず拡大してきた。今や中国は、巨大ダム保有数で世界一になっただけでなく、総発電能力二三〇ギガワットを誇る世界最大の水力発電大国にのぼりつめた。

中国政府は、二〇一五年までの電力計画を修正し、世界最大を誇る水力発電能力に、さらに一二〇ギガワット分を増強すべく、すでに建設中のものとは別に五四のダムを「重要建設計画」に追加した。新たなダムのほとんどは、生物多様性に富む中国南西部に計画され、地域の生態系や土地の文化はますます脅かされている。

二〇〇六年に完成した世界最大の三峡ダム（湖北省）が深刻な環境問題を引き起こしたことから、中国はダム建設のペースをゆるめてきたが、ここへきて新世代の巨大ダム建設を急いでいる。

欧米ではおしなべてダム建設はすたれつつある。欧米以外の民主国家をみても、たとえば日本やインドのような国では、ダム建設への風当たりは強まる一方だ。

このような時勢のなか、ダム新設に動く中国は、これからも世界の巨大ダム建設の中心であり続けるだろう。

水をめぐるゼロサム・ゲーム

中国政府の計画をみれば、中国の水資源政策はゼロサムの考え方に基づいているというほかない。おそらく中国は、少数民族が暮らす国境地帯に巨大ダム群を建設することで、河川が国境を越える前に水資源をおさえてしまうつもりなのだろう。

一人あたりの淡水利用可能量という点で、アジアは最も渇いた大陸といえる。水をめぐる国家間の軋轢に対処し、急速な経済成長を維持しつつ環境の持続可能性を守るためには、ルールに基づく制度が欠かせない。

ところが、中国はルールづくりを拒み続けており、周辺国と水資源を共有する条約を結ぶつもりはないらしい——もちろん地域を包括的に規制する枠組みを支援することもない。なぜなら、中国は戦略上、国境をまたぐ大河をおさえ続けたいのだから。

ダムが自然を破壊し、新たな火種を生む

中国が新たに認可した五四基のダムのうち、三基がサルウィン川に、三基がブラマプトラ川に、二基がメコン川に計画されている。「東南アジアの血液」ともいうべきメコン川に、中国はすでに六基の巨大ダムを建設した。

そこに加わる最新の糯扎渡ダム（雲南省）は堤高二五四メートルを誇り、その巨大な貯水容量は二二〇億立方メートルにのぼる。このダム計画によって、サルウィン川の「グランドキャニオン」（ユネスコ世界自然遺産）をはじめ、ブラマプトラ川とメコン川の流域に広がる手つかずの貴重な自然が危機にさらされている。

これら三つの国際河川はチベット高原を源流とし、その潤沢な水資源が中国のダム設計者たちを惹きつける。サルウィン川は、チベット高原から雲南省を流れ、国境を越えてミャンマーとタイに注ぐ。アジアで最後の「ダムなき大河」ともいうべきこの川も、まもなく着工する発電能力四二〇〇メガワットの巨大な松塔ダム計画によって「自然に流れる川」ではなくなってしまうだろう。

中国政府の着工決定は、二〇〇四年に温家宝首相（当時）が表明したサルウィン川のダム開発中断の方針を撤回するものである。中国政府は当時、世界遺産に隣接する国家級自然保護区――サルウィン川やメコン川のほか、金沙江が並行して流れる素晴らしい峡谷地域――における多数の大規模開発にたいする国際的な反対運動の広がりを受けて、開発中断を余儀なくされたのだった。

サルウィン川の開発をめぐる中国政府の方針転換は、長江など他の地域の開発でみられるパターンとも符合する。つまり中国政府は、大きな反発を受けると計画を一時的に中断するが、これは民衆を落ち着かせるための時間かせぎにすぎず、やがてダム建設を復活させるのだ。

ダムは自然を壊すばかりではない。インド北東部からバングラデシュへと流れるブラマプトラ川での三つのダム建設計画を中国政府が表明すると、インド政府は即座に、上流での工事が下流に位置する国家の利益を害することはないと保証するよう注文を付けた。水資源は、中国とインドの両国に新たな対立の火種を生んでいる。

ダムが地震を起こす?

中国南西部でダム建設を急ぐ中国政府の新方針は、環境破壊の懸念を呼ぶだけでなく、より広範に生活の安全を脅かす。

二〇〇八年、四川大地震がチベット高原東部を襲い、八万七千人の犠牲者を出した。この巨大地震について複数の中国人科学者が、地震の原因は活断層の近くに新設された紫坪埔ダム(四川省)にあると指摘する。大型ダムの貯水による重みが地殻に深刻な圧力をかけたとされ、科学者たちはこの地震を「ダム誘発地震」と呼ぶ。

ダム建設を急ぐ中国の姿勢は、流域の国々を刺激するだけでなく、広く各国間に水資源をめぐる競争を招き、ただでさえもたつくアジア地域の協調・統合の機関創設をめざす取り組みにも水を差す。

中国がこれまでと変わらず思慮に欠いた道を突き進むなら、ルールに基づく秩序への展望は永遠に開けることはない。

二〇一三年三月、ニューデリーにて

ブラーマ・チェラニー

13　近づく韓国の核武装

イ・ビョンチョル

韓国の対米外交当局者は、自分たちが求めるウラン濃縮権やミサイル射程範囲の拡大要求にたいし、米国側は議論の棚上げどころか要求そのものを認めないつもりだということを、ここへきて理解するようになった。事実、二〇一四年三月に期限満了を迎える韓米原子力協定にかんする水面下の協議で、米国が韓国側の協定改定に向けた努力を無視し続けるといった事態がみられ、韓米同盟（一九五三年調印の韓米相互防衛条約）の行く末が危ぶまれている。

米国の本音

米国の当局者——韓国側が原子力政策を推進するうえで避けて通れない交渉相手——は、米国にとって戦略上さまざまな利益があるにもかかわらず、韓国が防衛能力を高め、より高度な原子力政策を志すことにあくまで反対の姿勢を示している。

しかし、韓米原子力協定の中に極力強い影響力を残そうとする米国の意図に反してまで、韓国側がこれほど執拗に譲歩を求めるという事態は、米国の核拡散防止の専門家も予想していなかった。

韓米二国間の交渉が行き詰まること自体は目新しいことではない。とりわけ韓米の核協議において、意思疎通の不足や理解の欠如という事態はこれまでにもしばしば見られた。

韓国政府が公式の場で本音をもらすことはめったにないが、米国側が韓国に譲歩することはないだろうというのが大方の見方だ——むしろ米国側は、できることなら韓国の口うるさい要求を握りつぶしてしまいたいというのが本音だろう。

今なぜ核武装論か

韓米関係が最も緊密だった時代、米国の政治家は、韓国を「米国が伸ばした腕」程度にみていた。韓国が軍事政権下にあり、米国の政治的保護と安全保障を必要とした時代には、米国に従属するかたちの同盟関係も正当化することができた。

しかし今や、韓国は東アジアを先導する民主国家となった。そして韓国人の多くは、米国との妥協や協調の必要性は認めつつも、米国との関係をより対等なものに改めなくてはならないと考えている。

だからといって、韓国側は核拡散防止の実効性そのものを疑っているわけではない。むしろ韓国の態度は、北朝鮮の核開発をめぐる不安を映すものだ。そのうえ韓国側には、最近の日米ミサイル防衛協力合意にたいする不信感もある。

韓国と米国は、北朝鮮の核開発にかんする情報を共有するが、（米国とは異なり）韓国は現に北朝鮮の核開発に脅かされている。韓米原子力協定の改定協議が実質的合意に至っていない現状は、とりわけ韓国側にとって頭の痛い問題といわざるをえない。

二〇一〇年に元韓国大統領府外交安保首席秘書官の千英宇《チョンヨンウ》氏は米外交当局者にたいして、韓米原子力協定の改定は遠からず韓米関係において避けて通れない懸案になるだろうと指摘し、「すでに国内世論の批判は見過ごせないレベルに達している」と警告した。千氏はさらに、「（韓国が世界の五指に入る原子力発電大国であることからして）韓国の世論は、原子力開発で日本ばかりが優遇される現状を容認しないだろう」と述べた。

そればかりではない。保守与党セヌリ党の鄭夢準《チョンモンジュン》議員をはじめとする韓国右派の指導者たちは、韓国政府が進める脱原子力政策に反対し、韓国は核武装によって第二次朝鮮戦争を避けることができると訴える。保守政治家たちは、米国の「核の傘」をもはや過去のものと見なしているようだ。

核武装より同盟強化を

北朝鮮の核をめぐる保守政治家たちの強硬姿勢とは裏腹に、韓国政府は、米国からウラン濃縮権と使用済み核燃料再処理について譲歩を引き出せる可能性はかなり低いとみている。その結果、韓米原子力協定の改定協議に臨む韓国側には、同盟関係に欠かせない義務の分担を提案する意欲よりも、むしろ交渉全体を通じて懐疑的な姿勢が目につく。

韓国との協議に先立ち米国は、アラブ首長国連邦（ＵＡＥ）との間で原子力平和協定を結んでいる。この協定によって、ＵＡＥは核燃料の濃縮・再処理にかんする開発を放棄した。これでは韓国政府が交渉の先行きを悲観するのも当然だ。

実際、韓国の当局者も、原子力開発にかんする米国との交渉でこれ以上の進展はないと諦めているようだ。正直なところ、自国の科学者たちが軍事目的のための核計画には一切関与しないと宣言している以上、韓国はどうやっても核兵器を持つことはできないのだろう。

韓米両国には、核をめぐる議論を通じて、五十九年目を迎えた同盟を時代に即して再構築することが急務だ。（新しい）韓米同盟のもと、両国は国際社会に向けて核拡散防止をめぐる明るい見通しを示すことができるはずだ。そのためにも韓米両国は、韓国が抱える安全保障上の懸案を現時点のみならず未来にわたり保障することのできる、包括的な合意にこぎつけなければならない。

二〇一二年十月、ソウルにて

14　東アジアの夢遊病者たち

尹永寛《ユンヨングァン》

東アジアの政治家や知識人が好むと好まざるとにかかわらず、この地域の国際情勢は、今日の平和な欧州というよりも、むしろ勢力均衡《バランスオブパワー》が成立していた一九世紀の欧州に近づいている。その証拠に、東アジアではナショナリズムが台頭し、領土紛争はやまず、そのうえ実効力をもつ共同の安全保障機構は今もない。中国、日本、韓国、東南アジア諸国連合（ＡＳＥＡＮ）の間で経済の相互依存はいっそう深まっているにもかかわらず、各国の外交が相互のライバル意識や不信感に引きずられている現状を見るにつけ、数十年をかけて第一次世界大戦へと向かっていった欧州の姿を思わずにはいられない。

覇権の移行

第一次世界大戦前夜の欧州と今日の東アジアに共通する特徴として、覇権の移行《パワーシフト》が挙げられる。一九世紀後半には、英国が相対的に力を落とす一方、一八七一年の国内統一を経て帝政ドイツが台頭した。

今日の東アジアにおいても同様の現象が進んでいる。すなわち、米国と日本の両国は、軍備や戦闘能力は別にしても、少なくとも経済をみるかぎり、中国との比較で衰退期に入っている。

もちろん、この過程は一方的に進むと決まっているわけではない。米国もしくは日本の政治家が指導力を発揮して国内の改革に成功し、逆に中国の指導部が民衆から沸きおこる政治要求への対応を誤ることがあれば、パワーシフトは停止しうる。

大きなパワーシフトが時代を画する時、カギを握る政治指導者たちは外交面で重大な過ちを犯しがちだ。実際、パワーシフトが進む決定的な局面での対外政策の過ちは、しばしば大きな戦争をもたらしてきた。

台頭する国家は、国際政治でいっそう大きな役割を担うことを望み、いっぽう衰退しゆく国家はこの潮流に抗う。そして命運を握る政治指導者は、ときに他国の指導者たちの意図を誤解し、他国の発言や行動にたいして過剰に反応することが増える。

ヴィルヘルム期のドイツ

歴史をひもとけば、興隆する国家がその実力以上に急速に自信を深め、無謀な行動に走った事例は少なくなかった。台頭する国家の言動は、近隣国を脅かすのが常である。

たとえば、ドイツ皇帝ヴィルヘルム2世が宰相ビスマルクを更迭したのは、帝政ドイツ成立から二十年足らずの一八九〇年のことである。皇帝はやがて、ビスマルクが周到に築いた近隣諸国との同盟関係を壊していった。皇帝の粗暴な外交は、フランス、英国、ロシアを脅かし、帝政ドイツに対抗して三国協商が成立する事態を招いた。

二〇一〇年に中国が見せたこれまでにない自己主張——それは一九三〇年代の世界大恐慌以降で最大の金融危機に続く出来事だった——は、ヴィルヘルム2世時代のドイツの行動によく似ている。

ヴィルヘルム期のドイツにせよ現代の中国にせよ、両者に共通するのは、外部の脅威が危機をもたらしたというより、国家の最高指導者の行動そのものが危機を招いたということだ。

中国の和平発展は本物か

二〇一〇年も終盤になって、中国共産党の戴秉国《たいへいこく》国務委員（外交担当、当時）が「中国はあくまで平和的な発展の道を歩む」と宣言したことを受け、筆者は多少なりとも安心することができた（同年十二月に戴氏が中国外交部サイトで発表した文章を指す）。

とはいえ、そのような美辞麗句にもかかわらず、南シナ海をはじめ各方面で領有権を争う中国――とりわけ人民解放軍の幹部――の行動を見るかぎり、必ずしも中国指導部の全員が「和平発展」の方針に心から賛同しているわけではなさそうだ。

中国の習近平国家主席が、近隣諸国の不安をどの程度思いやることができるか――そして自国の安全保障上の脅威は一切許容しないという領土拡張策を思いとどまることができるかどうか――このことが向こう数年にわたり、東アジアの安全保障を左右する重大なカギとなるだろう。

新冷戦を避けるために

もう一つの重要な要因は米国の外交政策である。もし米国が東アジアにおいて支配的かつ対立的なアプローチをとるなら、東アジアの政治情勢は両極化せざるをえない。これはちょうど、複数の極による勢力均衡を保っていた一九世紀の欧州が、ドイツと英国間の緊張の高まりに引きずられるように、しだいに二極化していったのと同じ理屈だ。

米国の「アジアへの軸足転換《ピボット》」は、中国の台頭を受けて、同盟各国の懸念に配慮した結果ともいえるが、やはり自国の将来を見据えた判断というのが真相だろう。とはいえ、アジアで二極化する冷戦型の対立関係を避けるために、米国は中国の関与を熱心に促し、永続的な地域の安全保障体制を築く取り組みを進めなくてはならない。

日本という不安定要因

米国が中国にたいして対立的なアプローチをとるなら、東アジアにはもう一つ別の不安定要因が加わることになる。すなわち、日本が過度に大胆な外交に傾くという恐れだ。

一八九〇年代、ドイツ皇帝ヴィルヘルム２世は独露再保障条約を投げ出し、ロシアとの二国間関係を悪化させた。そして、皇帝は同盟関係にあるオーストリア帝国にセルビア王国への対応を一任してしまった――さらに忘れてならないことには、皇帝はセルビア王国を後援するロシアへの対応をもオーストリアに白紙委任したのである。こうして、ヴィルヘルム２世の行動が一九一四年の第一次世界大戦勃発へとつながっていく。

河野談話

すでに日本が道を踏み外しつつある懸念すべき兆候が見受けられる。報道によると、新しく日本の首相に就いた安倍晋三氏は、一九九三年の河野談話の見直しを検討しているとされる。河野談話とは、第二次世界大戦中の従軍慰安婦の存在を認めた日本政府の公式見解である。安倍首相が河野談話を放棄するようなことがあれば、日韓のみならず日中関係も悪化せざるをえない。日本が数々の安全保障上の懸案を韓国と共有していることからして、河野談話の破棄は誰の利益にもならないはずだ。

東アジアのこうした状況を受けて、米国には粘り強い外交が求められる。米国は外交努力を通じて、中国の新たな台頭を受けて日本が抱える安全保障上の懸念をやわらげなければならない。

同時に米国には、日本の新しい指導者たちを説得し、行き過ぎたナショナリズムの煽動を慎み、過剰な反応をとらないよう自制を促すことも求められる。率直に言わせてもらえば、二十年の経済停滞を経験した日本には、もっと優先すべきことがあるように思うのだが。

韓国の出番

第二次世界大戦後、米国は多国間の取り組みをもつ欧州とは対照的に、アジアにハブ・アンド・スポーク型の安全保障体制——米国を軸とした各国との二国間安保体制——を築いた。これまでアジアの国々どうしが安全保障協力に向けた直接交渉の場をもつことがなかった一因はここにある。また、東アジアで相互の信用が低い水準にとどまる遠因も同様だ。こうした事情は、米国と密接な同盟関係にある日本と韓国の二国間においても例外ではない。

ここに韓国の役割がある。韓国は米国の同盟国の中で中程度の規模であり、北東アジアのどの大国よりも、アジア各国をつなぐ役割を果たすには適任なのではないか。

多国間の安保協力を

第一次世界大戦を招いた国際外交の失敗から、われわれは多くの教訓を引き出すことができる。ケンブリッジ大学で歴史学の教鞭をとるクリストファー・クラーク教授は『夢遊病者たち（The Sleepwalkers）』（二〇一二年）と題する書物で、一九一四年の戦争へと巻きこまれていった欧州の外交史に新しい視点を加えた。

米国や東アジアの指導者たちには、深刻な代償を払う前に夢遊病から目を覚まし、今こそ実効力をもつ多国間の安全保障協力体制を築くことが求められている。

二〇一三年一月、ソウルにて

15　アジア太平洋の平和を築く

フィデル・V・ラモス

南シナ海の南沙諸島《スプラトリー》がアジアの火種となっている。フィリピン、ベトナム、中国ばかりでなく、複数の国々（マレーシア、ブルネイ、台湾）がこの海域で島の領有権を主張する。中国メディアによれば、そもそもこの地域で悪化する「仲違い」は、フィリピン側の評論家たちが「誤った流言と推測」を広めたせいだということになる。

南沙諸島をめぐる緊張

しかし、事態はもっと緊迫している。二〇一一年三月、中国空軍の航空機がフィリピン領空に侵入し、続く五月には中国当局の巡視船がフィリピン領パラワン島の西方八五マイル（約一三七キロメートル）のリードバンク（礼楽灘《れいらくだん》）近海を巡回した。さらに同年二月には、パラワン島キリノ環礁の沿海で中国海軍のミサイル搭載フリゲート艦がフィリピン漁船に向けて発砲するという事件が起こっている。

フィリピンと中国、そしてベトナムと中国の間で頻発し、激化の兆しもみせる争いは、武力衝突まで発展してしまうのか？

むろん誰も戦争を望みはしない。しかし、こうした競りあいが戦争の引き金となる危険は増している。中比、中越の二国間関係はここ数十年になく冷えきっているのだ。

こうした緊張状態に照らせば、今月（二〇一一年七月）開催される東南アジア諸国連合（ASEAN）地域フォーラム（ARF）と、続いて予定されるバリ島での東アジア首脳会議《サミット》で南シナ海の主権争いが議題の中心を占めることが確実視されているのも当然というほかない。

先日、私はフィリピン・中国国交成立三十六周年および両国「友好の日」十周年を祝う記念式典で、五千人のフィリピン人同胞と数名の中国政府関係者を前に基調講演を行った。ところが、当日の中国各紙の一面には、歴史的に南沙《スプラトリー》諸島の領有権を主張するフィリピンを激しく非難する記事が並んでいた。

安定と協調に向けて

もちろんフィリピン・中国の両政府は、地域の安定と協調を維持する必要性を認めている。安定と協調があればこそ、東アジアは世界でも類のない速度で発展してきたのだ。

ベトナムと米国の両政府もこの認識を共有する。しかし、われわれは問題を議論し、紛争を解決するための機関を持たない。そして、南沙《スプラトリー》諸島の海底に眠る莫大な鉱物・エネルギー資源への思惑も重なり、領有権をめぐる争いは、日増しに抜き差しならない状況へと進んでいる。

中国、フィリピン、ベトナムといった主権を争う各国に米国を加えた国々は、今こそ緊張緩和に向けて行動しなくてはならない。

さて、どこから取りかかるべきだろう?

まず、アジア・太平洋地域の指導者たちは、規模の大小にかかわらず、すべての利害関係者に平和的解決を義務づけることで合意する必要がある。そのような合意こそが、安定した投資環境を整え、南沙《スプラトリー》諸島の資源開発を進めるための前提となる――現状では誰も資金を投じることはない。

たしかに中国の指導者たちは、あたかも地域の安定と協調こそが目標であるかのように語る。「今も昔も変わらず、平和と発展が何よりも重要だ。世界は平和を求め、あらゆる国々は発展に値し、そして人びとは協調を望む――」

二〇一一年四月、中国海南省の博鰲《ボアオ》で開かれたボアオ・フォーラム（アジア版ダボス会議）で中国の胡錦濤国家主席（当時）はこう力強く宣言し、「わが国は、これまでもこれからもアジア各国のよき隣人であり、友であり、パートナーであり続ける」と述べた。

対話と行動こそ必要

こうした感情をいよいよ実現すべきだ。主権争いの平和的解決に向けて、単なる誓約以上の行動が求められる。

アジア各国政府は「開かれた地域主義《オープンリージョナリズム》」に基づく広範な視野に立たなくてはならない。たとえばインドのような（中国以外の）国々は、地域を超えて、アジア諸国全体の国益を考慮しながら発言していくべきだ。また米国には、平和維持と安全保障の分野で地域への新たな協力

——これまで通りの関与というべきかもしれない——が望まれる。

しかし、この点にかんするアジアの総意はどうだろう?

「信用構築への第一歩は南沙諸島《スプラトリー》の非武装化である」と、私は各国の指導者たちにくりかえし提言してきた。実効性をもつ条約締結に至るためには、国連海洋法条約(UNCLOS)および関連する国際条約に基づき生産的な対話を行うことが欠かせない。そうした過程を経て、ようやく南沙諸島の海中・海底資源の共同探索と開発も動きだす。

パックス・アジア・パシフィカ

より広い視点でみれば、この先の五年から十年で、アジアを指導する政治家たちには、過去数十年にわたり地域の安定を保ってきた「パックス・アメリカーナ(アメリカの平和)」に代えて、各国が負担を受けもち恩恵も広く分かちあう、包括的な「パックス・アジア・パシフィカ(アジア・太平洋の平和)」を築くための取り組みが求められる。とはいえ、この広範な平和も、勢力均衡《バランスオブパワー》の上に築かれるものではなく、相互の国益均衡の上に成り立たないかぎり長続きしないだろう。

そう、アジア・太平洋地域のすべての国が負担を分担して初めて地域の調和と安全保障が保たれるのだ。

第二次世界大戦後のヨーロッパが平和を築いたときのように、アジア・太平洋全域をまかなう平和機関を創設しなくてはならない。地域の大国および主要ブロック——米国、中国、日本、インド、韓国、ロシア、そしてASEAN一〇カ国——が力強く、協調して事に当たるべきだ。

残念なことに憂慮すべき事態が進行しているが、地域の持続的な経済成長と発展を支えるうえで、われわれアジア人は互いの敵対心を抑え、軍拡競争を避けなくてはならない。

二〇一一年七月、マニラにて

16　アジア連合への道

ジャスワント・シン

嘆かわしいことに、アジアは各国間の対立をやわらげるための機関を持たない。しかし、もっと広範なアジア諸国の連合が水面下で形成されつつある。そう、インフラストラクチャーのつながりという、新鮮かつ印象的なかたちでそれは姿を現し始めている。

経済で連合が進む

域内で広がるインフラ整備は、互いに睨みあう国家間をつなぐだけでなく、実際に紛争状態にある国と国をも結びつけることから、いっそう注目に値する。

インドとパキスタンを結ぶバス路線の新設は、おそらく大きく報道されることはないだろう。しかし、このバス路線によって、不信にまみれた両国間に少なからず正常な交流が生まれることはまちがいない。

同様の動きが各地でみられる。中国とベトナム間では鉄道が敷設されつつある。インドとバングラデシュでは国境をまたぐ道路開発が進む。ミャンマーやパキスタンでは港湾開発と並行してパイプラインも建設中だ。こうした動きは、製造業のサプライチェーン（供給網）とあいまって、域内で経済連合ともいうべき新しいかたちの結束を強めている。

アジアを覆うインフラ整備

未確定の国境線や領有権をめぐる争いが混迷の度合いを深める一方、こうしたインフラ整備の取り組みがアジアの地勢図を点々と覆いつつある。

国内の混乱が新たな局面を迎えるアフガニスタンを例に挙げよう。アフガン国内の混乱をよそに、インドはアフガン西部のサルマで極めて重要なダムの建設を続けると同時に、アフガン各地をつなぐ戦略環状道路の敷設も着々と進めている。アフガンを横断し、トルクメニスタンからパキスタンに抜けるガスパイプラインも完成間近だ。

インド洋の北東部、ベンガル湾での動きも見逃せない。中国のインフラ投資によって、開発の遅れたミャンマー西部の港湾都市チャウピューおよびベンガル湾一帯が変貌しつつある。この地域では、沖合のガス田からガスを引き入れ、中国南部の雲南省へ向かうパイプラインが築かれる計画だ。

こうした新規事業は、天然資源の確保や貿易ルートの新設に貪欲な中国の意思に沿っているだけでなく、国内に「小さなシンガポール」をつくるというミャンマー政府の意図も映す。

インフラ整備のグレートゲーム

もちろん、中国の投資の背景にあるのは（ミャンマー政府を助けるための）利他主義ではない。ほぼ十年前、中国の胡錦濤国家主席（当時）は、マレー半島とインドネシアのスマトラ島を隔て、インド洋と太平洋を結ぶマラッカ海峡に言及し、いわゆる「マラッカ・ジレンマ」を中国が抱える戦略上の重大な脅威だと認めた。中国のエネルギー輸入のおよそ八〇パーセントが、有事の際には封鎖されかねないマラッカ海峡を通る。そして、この難所の治安維持に当たるのは主に米国海軍である。

ミャンマーで建設中の供給ルートが完成すれば、中国のマラッカ海峡への依存は三分の一以上も減ることになる。

ミャンマー国内で進むこうした計画は、まさに同国がいだく現実主義的な新展望を示している。中国の支援で進めていたミャンマー北部のミッソン水力発電ダム建設こそ中止したものの、中国とインドに挟まれたミャンマーは、いずれ両大国の経済的な結びつきを促す連結点となる可能性を秘める。

ミャンマーを舞台に展開するインフラ整備の大競争《グレートゲーム》に乗り遅れまいと、日本も港湾の再建プロジェクトに数十億ドル（数千億円）規模の資金を投じるなど進出を急ぐ。

中国が動く

西方のパキスタンに眼を移そう。同国南部のマクラン地方では、中国の支援で建設された道路がアラビア海沿岸を走り、やがてイランとの国境に近い古代以来の天然の良港グワダルに至る。グワダル港では、長らく運営を受託してきたシンガポール政府系の港湾運営会社ＰＳＡインターナショナルが撤退し、中国国有企業の中国海外集団が運営を引き継いだことから、インド、日本、米国の各国で戦略上の懸念を呼んでいる。

そればかりではない。中国は、米国の強い反発をよそに、グワダル港の開発に続き、一日あたり七・五億立方フィート（約二一〇〇万立方メートル）の天然ガスを運ぶパイプラインをイランと共同建設する計画だ。

ほかにも中国は、東アジア一帯に広がるパンアジア高速鉄道の建設を推し進める。完成のあかつきには、インドシナ半島に巨大な環状鉄道が姿を現すことになる。この鉄道は雲南省の省都・崑明《こんめい》を起点に、ミャンマーを通り、南下してタイの首都バンコクに至る。そこから支線がマレーシアを走り、シンガポールに届く。バンコクから東はカンボジアを抜け、北上してベトナムの首都ハノイに達し、さらにラオスを経て崑明に戻る。

こう述べると、途方もない大計画のように感じるかもしれない。実際、大事業ではあるが、いくつかの路線はすでに存在し（数十年前に完成している路線もある）、二〇一五年完成という目標は達成される見込みだ。地域の連合をめざす東南アジア諸国連合（ＡＳＥＡＮ）の長年の夢が、まず鉄道の開通によって実現することになる。

インドも動く

いっぽうインドは、すでに東部マニプル州とミャンマー北部を結ぶ道路交通網を開通させている。インド国境道路機構（ＢＲＯ）によるインド・ミャンマー間で初めての全天候型道路もこの交通網の一部だ。

中央アジアでもインドは動く。インドは、タジキスタンの首都ドゥシャンベ近郊のアイニ空軍基地を借用し、野戦病院を稼働している。ちなみに、アフガニスタンの反ソ連軍ゲリラを指導した故アフマド・シャー・マスード司令官が暗殺された当日（二〇〇一年九月九日）にヘリで搬送されたのもこの病院だった。

地政戦略から連合へ

こうしたインフラ投資は、アジア諸国をかつてないほど緊密につなぐ可能性を秘める。とはいえ、開発の争奪戦ともいうべき現状は、地政学的なリスクも伴う。

ご多分にもれず、欧米諸国も支援を強める。とりわけ支援が集中するミャンマーの首都ヤンゴンでは、支援団体や各国政府の開発部隊（そして投資家も集まる）の車が列をなし、交通が麻痺している。

もちろん、各国を緊密につなぐ開発に軋轢は付きものだ。

ミャンマーの民主化運動の指導者アウンサンスーチー氏は自国の位置を次のように的確に表現する。すなわち、「（ミャンマーは）中国の近隣に位置し、米国とは地理的に隔たりがあり、文化的にはインドとの結びつきが強い」と。

アジアで加速するインフラ投資――とりわけ中国による投資――が、中華思想をもつ中国とそれをとりまく衛星国家群という図式をもたらすのか、もしくは、各国を上下の別なく結ぶ手段となるのか――この点が問われている。

地政学的にみれば、アジアは各国を分離するためにその地勢を用いることもできれば、貿易と開発を通じて地域全体に恩恵を広げるためにその地勢を利用することもできる。

アジアは分断と被植民地化に塗られた停滞の世紀を経て、広範な連合がもたらす恩恵の可能性にめざめたはずだ。アジアの指導者たちがパワーを追い求めず、繁栄にその眼を向けることができれば、拡大するインフラ整備のきっかけがアジアの連合のためであろうとなかろうと、それはたいした問題ではない。

二〇一三年二月、ニューデリーにて

訳者あとがき

「アジア」とは、何か。「アジア」という言葉は、一説によれば、古代メソポタミア地方で話されていたアッシリア語で「東」を意味する「アス（Asu）」に由来するという。古代ギリシャ時代には、地域の呼称としての「アジア」という概念が定着したとみられ、当初は、ギリシャから見た東方、ボスポラスとダーダネルスの両海峡を渡ったアナトリア半島(現在のトルコ）西部を中心とする、比較的狭い範囲を指していたようだ。

その後、「アジア」は東に向けて拡大していく。紀元前五世紀に執筆されたヘロドトスの『歴史』では、すでにペルシャ（現在のイラン）にたいしても「アジア」という呼び名が用いられている。また、この頃の地図では、「アジア」の東端にインドの姿がうかがえる。さらに歴史が下り、ヨーロッパ諸国による交易や植民地化が進むにつれて、中国やインドシナ半島、朝鮮半島、そしてわが国にまで「アジア」の領域は広がり、今ではユーラシア大陸の大部分を占めるに至ったのである。

ただ、いくら広大になろうとも、はじめに述べたように、「アジア」はあくまで古代ギリシャ文明の後継者であるヨーロッパ地域から見た「東方」という、極めて漠然とした概念にすぎない。事実、現代においても、「アジア」の定義はいまだに統一されていない。例えば、国際連合（United Nations）の分類で「西アジア」に該当するイラクやサウジアラビアなどの国家は、他の国際機関・組織では中東に分類されることが多い。また、ロシアの極東地域が「アジア」に含まれるかどうかにも議論がある。わが国の外務省では、「アジア」はパキスタン以東の地域のみを指し、アフガニスタンやイラン、トルコは中東に該当するほか、カザフスタンやキルギスは旧ソ連新独立国家（Newly Independent States）として、欧州の一部に含まれる。

この漠然とした「アジア」に住む「アジア人」もまた、とらえどころのない存在である。ひとくちに「アジア人」といっても、アラブ人やペルシャ人、トルコ人、インド・アーリア人などのコーカソイド、東アジアを中心とするモンゴロイド、インド南部や東南アジアの一部に居住するオーストラロイドと三つの人種に大きく分かれる。宗教的には、東アジアなどの仏教、西アジアを中心とするイスラム教、インドのヒンドゥー教、フィリピンなどのキリスト教と、四大宗教の全てがアジア域内で広く信仰されている。言語に至っては一段と複雑だ。中国語やビルマ語、チベット語などのシナ・チベット語族、ヒンディー語やペルシャ語などのインド・ヨーロッパ語族、アフロ・アジア語族の一部であるアラビア語、トルコ語やモンゴル語などのアルタイ諸語、ベトナム語やクメール語などのオーストロアジア語族に加え、日本語や朝鮮語といった分類が定まっていないものも合わせ、およそ二千の言語が「アジア」で話されているという。

このように見ると、「アジア」地域全体での共通項はほとんどないと言っていいだろう。そう、「アジア」とは、そもそもはっきりとしたまとまりのない多様な集団なのだ。元来の「アジア」であり、「アジア」が地理的に拡大してからは「小アジア」と呼ばれるようになったアナトリア半島の住人はともかく、われわれ日本人を含めた多くのアジア人が、「アジア人」であるという自意識を欠いているとすれば、背景にはこうした事情があると思われる。

＊

本書は、このような特徴をもつ「アジア」という地域を地政学的観点から理解し、わが国、そしてわれわれ一人ひとりが「戦略的地平（strategic horizon）」を拡大していくための、新たな視点を提供することを目的としている。グローバル化が進む現代の国際社会を生き抜いていくための戦略を、いかに幅広い視野をもって立案し、遂行するかということは、日本という国家の喫緊の課題であると同時に、われわれ個人のレベルでの課題でもある。

本書は、世界最大の言論機関ともいえるプロジェクトシンジケート編「Asian Geopolitics」（二〇一三年）の翻訳である。厳選された一六本の論文は、現在のわが国を取り巻く環境をより高い視点から俯瞰するために、まさにうってつけの材料といえるだろう。もちろん、その中の一部には、わが国の見解と少なからず相反する主張も含まれている。ただ、それも「アジア」地域をめぐる多様性の一つである。そうした多様性の存在をも、自らの戦略的地平の範囲内に取り込んだうえで、われわれは二一世紀の国際社会に向かっていく必要があるのではないか。

プロジェクトシンジケート叢書第三巻となる本書では、これまでとは異なり、五人の訳者による共訳というかたちをとっている。翻訳を行うにあたっては、まず、各人がそれぞれ次のように論文を分担して原稿のたたき台を作成した。なお、金田秀昭著「4　台頭する中国のシーパワー」のみ、プロジェクトシンジケートが発表した英語論文とは別に、著者から入手した日本語原稿を掲載した。

福戸雅宏「1　国際紛争の一年へようこそ！」「2　アジアの海とナショナリズム」「3　日本のナショナリストの出番」「5　ナショナリズムに駆られるアジアの虎」

藤原敬之助「8　中国が北朝鮮を見捨てる日」「10　チャイナパワーの驕り」「11　興隆アジアがゆく」「12　水をめぐるアジアの覇者」

水原由生「9　試される米中の共同覇権」

高橋直貴「7　中国の対外行動の源泉」「15　アジア大洋州の平和を築く」「16　アジア連合への道」

松尾知典「6　日中の競争意識をたどる」「13　近づく韓国の核武装」「14　東アジアの夢遊病者たち」

その後は、これらのたたき台をもとに、五人で協力しながら文章をブラッシュアップしていくというスタイルをとった。ここで特に申し述べておきたいのは、訳者がそれぞれ別に本業をもっており、必ずしも翻訳の専門家ではないという点である。平日は仕事に精を出し、休日に翻訳作業を進めるという、二足のわらじを履いた生活が続いた。

また、訳者の生活圏が地理的に離れていることも、翻訳作業を進めるうえで乗り越えなければならない壁であった。打ち合わせにはテレビ電話を利用し、電子メールによる校正作業を何度も重ねた。こうした苦労のなかで、なんとか一冊の本としてまとめることができたのは、訳者それぞれから大量に飛んでくる校正意見を見事に調整し、編集作業に尽力してくださった土曜社の豊田氏のおかげである。訳者を代表し、この場を借りて御礼を申し上げたい。そして、本書が読者の「戦略的地平」の拡大に少しでも役立ったとすれば、訳者として、これにまさる喜びはない。

二〇一三年五月、ニューヨークにて　福戸雅宏

発展読書リスト

イアン・ブレマー

イアン・ブレマー『「Gゼロ」後の世界』（日本経済新聞出版社、二〇一二年）

——『自由市場の終焉』（日本経済新聞出版社、二〇一一年）

ジョセフ・S・ナイ

コヘイン、ナイ『パワーと相互依存』（ミネルヴァ書房、二〇一二年）

ジョセフ・S・ナイ『スマート・パワー』（日本経済新聞出版社、二〇一一年）

――『リーダー・パワー』（日本経済新聞出版社、二〇〇八年）
――『ソフト・パワー』（日本経済新聞出版社、二〇〇四年）
ナイ、ドナヒュー編著『グローバル化で世界はどう変わるか』（英治出版、二〇〇四年）
ナイ、ゼリコウ、キング編著『なぜ政府は信頼されないのか』（英治出版、二〇〇二年）
ジョセフ・S・ナイ『国際紛争』（有斐閣、二〇〇二年）
――『核戦略と倫理』（同文館出版、一九八八年）

金田秀昭

日本国際問題研究所編『守る海、繋ぐ海、恵む海』（日本国際問題研究所、二〇一二年）
谷内正太郎編『日本の外交と総合的安全保障』（ウェッジ、二〇一一年）
金田秀昭『BMD（弾道ミサイル防衛）がわかる』（イカロス出版、二〇〇八年）
金田秀昭監修『ミサイル学』（二見書房、二〇〇七年）
金田秀昭、小林一雅、田島洋、戸崎洋史『日本のミサイル防衛』（日本国際問題研究所、二〇〇六年）
金田秀昭『弾道ミサイル防衛入門』（かや書房、二〇〇三年）

朱鋒

秋山昌廣、朱鋒編著『日中安全保障・防衛交流の歴史・現状・展望』(亜紀書房、二〇一一年)

ブラーマ・チェラニー

櫻井よしこ、国家基本問題研究所編『日本とインドいま結ばれる民主主義国家』(文藝春秋、二〇一二年)

福戸雅宏

ディキシット、ネイルバフ『戦略的思考をどう実践するか』(阪急コミュニケーションズ、二〇一〇年)

内田樹『日本辺境論』(新潮新書、二〇〇九年)

麻生太郎『自由と繁栄の弧』(幻冬舎、二〇〇八年)

ラルフ・タウンゼント『暗黒大陸中国の真実』(扶桑書房出版、二〇〇七年)

加藤徹『貝と羊の中国人』(新潮新書、二〇〇六年)

西牟田靖『僕の見た「大日本帝国」』(情報センター出版局、二〇〇五年)

鍛冶俊樹『戦争の常識』（文春新書、二〇〇五年）
石破茂『国防』（新潮文庫、二〇〇五年）
奥山真司『地政学』（五月書房、二〇〇四年）
ジョセフ・S・ナイ『国際紛争』（有斐閣、二〇〇二年）
サミュエル・ハンチントン『文明の衝突と二一世紀の日本』（集英社新書、二〇〇〇年）
ポール・ケネディ『大国の興亡』（草思社、一九九三年）
曽村保信『地政学入門』（中公新書、一九八四年）
高坂正堯『国際政治』（中公新書、一九六六年）

藤原敬之助

ケント・E・カルダー『新大陸主義』（潮出版社、二〇一三年）
ロナルド・コース、王寧『中国共産党と資本主義』（日経BP社、二〇一三年）
中西輝政『帝国としての中国』（東洋経済新報社、二〇〇四年）
渡辺昭夫、土山実男編『グローバル・ガヴァナンス』（東京大学出版会、二〇〇一年）
原彬久『国際関係学講義』（有斐閣、一九九六年）

水原由生

ヨルゲン・ランダース『2052　今後四〇年のグローバル予測』（日経BP社、二〇一三年）
副島隆彦責任編集、中田安彦著『新興大国　権力者図鑑』（日本文芸社、二〇一一年）
マッキンゼー・アンド・カンパニー責任編集『日本の未来について話そう』（小学館、二〇一一年）
艾未未『アイ・ウェイウェイ　何に因って？』（淡交社、二〇〇九年）
ジョージ・ケナン『アメリカ外交五〇年』（岩波現代文庫、二〇〇〇年）
『リーダーシップと国際性』（国際文化会館新渡戸国際塾講義録1、アイハウス・プレス、二〇〇九年）
『グローバル化とリーダーシップ』（国際文化会館新渡戸国際塾講義録2、アイハウス・プレス、二〇一一年）

松尾知典

鈴置高史『中国に立ち向かう日本、つき従う韓国』（日経BP社、二〇一三年）
和田春樹『北朝鮮現代史』（岩波新書、二〇一二年）

平井久志『北朝鮮の指導体制と後継』（岩波現代文庫、二〇一一年）
文京洙『韓国現代史』（岩波新書、二〇〇五年）
西嶋定生（李成市編）『古代東アジア世界と日本』（岩波現代文庫、二〇〇〇年）
李成市『東アジア文化圏の形成』（山川出版社、二〇〇〇年）

編集部

ブレジンスキー『ブレジンスキーの世界はこう動く』（日本経済新聞社、一九九七年）
キッシンジャー『外交』（日本経済新聞社、一九九六年）
戸部良一、野中郁次郎ほか『失敗の本質』（ダイヤモンド社、一九八四年）
エズラ・ヴォーゲル『ジャパン・アズ・ナンバーワン』（TBSブリタニカ、一九七九年）
ウィンストン・チャーチル『第二次大戦回顧録』（毎日新聞社、一九四九年）
大川周明『復興亜細亜の諸問題』（大鐙閣、一九二二年）
アルフレッド・T・マハン『海上権力史論』（一八九〇年）

訳者略歴

福戸 雅宏〈ふくと・まさひろ〉
1986年、京都市に生まれる。2009年に神戸大学経済学部を卒業後、シンクタンク入社。12年11月よりニューヨーク事務所に駐在。入社以来、一貫して米国経済・金融政策の分析を担当。趣味はトロンボーンの演奏。

藤原 敬之助〈ふじわら・けいのすけ〉
1984年、兵庫県西宮市に生まれる。2006年に早稲田大学教育学部を卒業し、現在は報道機関勤務。大学ではマクロ経済学を専攻し、昭和恐慌について研究。いわゆる「リフレ政策」に賛同している。好きな作家は重松清、レイモンド・チャンドラー。

水原 由生〈みずはら・よしお〉
1979年、神奈川県に生まれる。法政大学卒。文化団体勤務。最近はもっぱら、既成の概念を揺さぶってくれるようなアートと株式市場の動向に関心。

髙橋 直貴〈たかはし・なおき〉
1988年、横浜市に生まれる。早稲田大学社会科学部在学中より書店勤務。取材記事の執筆・本の選書・書評など、幅広く編集活動を行っている。

松尾 知典〈まつお・とものり〉
1992年、名古屋市に生まれる。福岡市で育ち、現在は早稲田大学文化構想学部で東アジア史を勉強する。趣味はテニスなどスポーツ全般。特技は将棋（元奨励会在籍）。学業のかたわら新聞社でアルバイトもしている。

イアン・ブレマーほか
新アジア地政学
しん あじあ ちせいがく

福戸雅宏
藤原敬之助
水原由生
髙橋直貴
松尾知典
共訳

豊田卓 装丁・本文組版
園延統示 印刷設計

2013年5月22日　初版第1刷印刷
2013年6月10日　初版第1刷発行

発行者 豊田剛
発行所 合同会社土曜社 150-0034 東京都渋谷区代官山町 14-6-301
www.doyosha.com
印刷・製本 中央精版印刷株式会社

Asian Geopolitics
by Project Syndicate

This edition published in Japan
by DOYOSHA in 2013

14-6-301, Daikanyama, Shibuya, Tokyo, JAPAN

ISBN978-4-9905587-8-9　C0031

プロジェクトシンジケート叢書

世界は考える

ジョージ・ソロスほか著、野中邦子訳、2013年3月初版、本体1900円

はじめに　蝗（いなご）の年　プロジェクトシンジケート

第一部　危機後の国際協調

ジョセフ・E・スティグリッツ（ノーベル経済学受賞者）
クリスティーヌ・ラガルド（IMF 専務理事）
カウシク・バス（世界銀行チーフエコノミスト）
ギド・マンテガ（ブラジル財務相）
ビル・ゲイツ（マイクロソフト会長）
ジム・オニール（ゴールドマンサックス・アセットマネジメント会長）
ナシーム・ニコラス・タレブ（オックスフォード大学教授）
ジョージ・ソロス（ソロス・ファンドマネジメント会長）
P・サザーランド（ゴールドマンサックス・インターナショナル会長）
ジョン・ヴィッカース（オックスフォード大学教授）
アナト・アドマティ（スタンフォード大学教授）
黒田東彦（アジア開発銀行総裁）
李昌鏞（アジア開発銀行チーフエコノミスト）
ダロン・アセモグル（MIT 教授）
ジェームス・ロビンソン（ハーバード大学教授）

第二部　協調の地政学

レオン・E・パネッタ（米国防長官）
アブドゥラー・ギュル（トルコ共和国大統領）
トルキ王子（元サウジアラビア政府情報機関長官）
メディ・ハラジ（ワシントン近東政策研究所上席研究員）
フアン・マヌエル・サントス（コロンビア共和国大統領）
ピエール・モスコヴィシ（フランス経済財政相）
イムラン・カーン（パキスタン正義運動党首）
ニーナ・L・フルシチョワ（ニュースクール大学大学院教授）
マーク・マズアワー（コロンビア大学教授）
マイケル・J・サンデル（ハーバード大学教授）

あとがき　群盲象を評す　野中邦子